Os judeus
a luta de um povo para se tornar uma Nação

Proibida a reprodução total ou parcial em qualquer mídia
sem a autorização escrita da editora.
Os infratores estão sujeitos às penas da lei.

A Editora não é responsável pelo conteúdo deste livro.
O Autor conhece os fatos narrados, pelos quais é responsável,
assim como se responsabiliza pelos juízos emitidos.

Consulte nosso catálogo completo e últimos lançamentos em www.editoracontexto.com.br.

Jaime Pinsky

Os judeus
a luta de um povo
para se tornar
uma Nação

Copyright © 2024 do Autor

Todos os direitos desta edição reservados à
Editora Contexto (Editora Pinsky Ltda.)

Montagem de capa e diagramação
Gustavo S. Vilas Boas

Coordenação de textos
Carla Bassanezi Pinsky

Preparação de textos
Lilian Aquino

Revisão
Ana Paula Luccisano

Dados Internacionais de Catalogação na Publicação (CIP)

Pinsky, Jaime
Os judeus : a luta de um povo para se tornar uma Nação /
Jaime Pinsky. – São Paulo : Contexto, 2024.
256 p : il.

Bibliografia
ISBN 978-65-5541-518-6

1. Judeus – História 2. Sionismo I. Título

24-5039   CDD 915.694

Angélica Ilacqua – Bibliotecária – CRB-8 / 7057

Índice para catálogo sistemático:
1. Judeus – História

2024

EDITORA CONTEXTO
Diretor editorial: *Jaime Pinsky*

Rua Dr. José Elias, 520 – Alto da Lapa
05083-030 – São Paulo – SP
PABX: (11) 3832 5838
contato@editoracontexto.com.br
www.editoracontexto.com.br

Sumário

UM TEMA ATUAL 7

PREFÁCIO 9
por Paul Singer

INTRODUÇÃO 13

NOS POROS DA PRODUÇÃO 21
    A época de ouro 33
    O dilúvio 41

MOVIMENTOS PRÉ-POLÍTICOS 47
    Shabetai Tzvi 55
    O hassidismo, uma ideologia do oprimido 63
    A contestação hassídica 67

O PERÍODO DE TRANSIÇÃO 73
    O mundo da gente miúda 75
        O rabino 80
        A educação 82
        Papéis sociais 86
    Do *shtetl* à cidade 88
        Russos por acaso 92
        Nas cidades 95
        Miséria e consciência social 100
        Rejudaização indesejada 104
        Os caminhos da redenção 110

TEORIAS DE TRANSIÇÃO 119
    O espiritualismo de Ahad Haam 121
        A solução nacional 123
        Estado Judeu ou Estado de judeus? 124
        Ideologia 126

O autonomismo de Dubnow......128
    A mais-cultura......130
    A lei dos três estágios......132
    Ideologia......134
O Bund, um partido sem projeto político......137
    Judeus contra judeus......139
    A fundação do Bund......141
    A questão nacional......142
    Bund x *Iskra*......146
    O Bund se isola......148
    Bund e consciência de classe......150

A IDEIA DE ESTADO......155

A negação da diáspora......157
    Leon Pinsker......161
    Relendo *Autoemancipação*......166
    O fim dos "excedentes"......169
O sionismo consentido......172
    A vida de Herzl......175
    Sionismo e imperialismo......180
    Sionismo e burguesia judaica......184
    O Estado Judeu......186
    Uma solução europeia......194
    O movimento sionista......198
Por um sionismo socialista......199
    Monoteísmo ético e socialismo......201
    Os precursores modernos: Hess e Sirkin......208
    Borochov......211
    A questão nacional......215
    O nacionalismo judaico......218

CONCLUSÃO......227

Glossário......235

Bibliografia......239

Índice de assuntos......245

Índice de nomes......249

Créditos das imagens......253

O autor......255

Um tema atual

Este é um livro novo, mas tem versões anteriores. Como isso é possível? Muitos leitores insistiram para que eu preparasse este livro, utilizando extensa pesquisa realizada alguns anos atrás. Argumentavam dizendo que o material que levantei, aliado a uma análise atual, teria muito a dizer. De fato, tem. A identidade nacional é um problema sério. Historiadores, cientistas políticos e, principalmente, líderes nacionais têm dificuldades para se colocar diante de situações concretas e, com frequência, fazem escolhas altamente discutíveis. E a mídia fica perdida, procurando, aleatoriamente, mocinhos e bandidos. Este livro vai mostrar como se forma a identidade nacional judaica, quando isso acontece e em que situação histórica.

Quando uma questão histórica se transforma em tema polêmico, convém recorrer à História. Ela pode nos ajudar a desfazer mitos e a construir uma narrativa sem preconceitos. Entender os processos históricos, de resto, pode evitar manifestações explícitas de ignorância, assim como surtos de intolerância e reaparecimento de comportamentos inaceitáveis, como o antissemitismo.

Este livro não é, portanto, uma reimpressão, mas resultado de grande investimento. Trabalhei um bocado nele. Acho razoável, em troca, pedir uma leitura atenta. Afinal, o livro não foi escrito com a ligeireza e a superficialidade de um comentário qualquer, redigido às pressas e enviado por celular...

★ ★ ★

Por todos os motivos, dedico esta obra aos meus filhos, Ilana, Daniel e Luciana. Como lembrou o escritor André Schwarz-Bart, nossos olhos recebem a luz de estrelas que não existem mais. O passado está presente, lembrem-se disto.

Por extensão, gostaria de dedicá-la também aos meus seis netos, Erik, Alex, Guilherme, Thales, Fernando e Rafael. Todos inteligentes, cada um à sua maneira. Quem sabe, um dia, algum deles leia este livro.

Prefácio

por Paul Singer

O nacionalismo judaico é um caso *sui generis:* trata-se da manifestação político-ideológica de um grupo que não apresenta qualquer uma das características nacionais que realmente identificam um povo. Para começar, os judeus não habitam o mesmo território, portanto não integram a mesma economia, não existindo os numerosos laços de interesses comuns e conflitantes que constituem a infraestrutura do que se chama "realidade nacional". Tampouco falam a mesma língua, do que decorre a extrema diversidade cultural das muitas comunidades judaicas espalhadas pelo mundo. Poder-se-ia supor: pelo menos a religião é a mesma. Só que, a partir da grande vaga da dessacralização que se derrama por toda parte nestes últimos duzentos anos, a parcela de judeus que abandonou a religião é cada vez maior.

Nestas condições, a pergunta que se coloca em primeiro lugar é: o que é judeu? Como é produzido e reproduzido enquanto ser social? E, a partir daí, que nacionalismo é esse que, em lugar de se considerar a encarnação dos interesses nacionais, coloca como seu objetivo primordial suscitar uma nação que ainda não existe?

Jaime Pinsky aborda o seu fascinante e espinhoso tema, procurando antes de mais nada responder à primeira questão. E é ao examinar as condições históricas que engendram os judeus – condições alheias e o mais das vezes hostis àqueles que são designados para cumprir este papel – que o autor vai lançar a base para desmistificar as concepções correntes a respeito do "mistério" e do "milagre" da persistência do judaísmo ao longo de vinte séculos da dispersão. Vai se verificar que o judeu persiste não *apesar* das incontáveis perseguições de que foi objeto, mas precisamente *por causa* delas.

Neste movimento da análise, da realidade histórica concreta à ideologia, Pinsky incorpora os efeitos da penetração no capitalismo, que destroem a sociedade aldeã judaica da Rússia no século passado. Porque, ao contrário dos outros povos da periferia, que são penetrados pelo capitalismo irradiado pelo centro, os judeus o penetram, à força, já que qualquer outra saída lhes é proibida. E nessa penetração, os judeus se incorporam a diferentes classes sociais, cujos conflitos rompem a antiga unidade do grupo.

O estudo de Pinsky é claro, límpido, enganadoramente fácil: parece tão lógico verificar – uma vez conhecidos todos os fatos relevantes – que o nacionalismo dos judeus aburguesados era a ideologia naturalmente adequada para se livrar da presença não só molesta, mas perigosa, do judeu marginalizado, do "verdadeiro" judeu! Mas essa facilidade é apenas o resultado do pleno domínio de um conteúdo

PREFÁCIO

trabalhado a fundo, cuja forma enxuta, gostosa de ler e fácil de entender não revela as dificuldades superadas.

Cabe lembrar, enfim, que o nacionalismo dos judeus não é só um caso *sui generis*, mas extremo: ele se antecipa à razão de sua existência; como caso extremo, sua desmistificação lança luz sobre muitas facetas de qualquer nacionalismo, mormente dos povos da periferia, que compartem com os judeus a sina de serem, o mais das vezes, objetos e não sujeitos da história.

Não por acaso surge o nacionalismo como ideologia e como movimento político nos momentos em que o conflito de classes se acerba, pondo em perigo a estrutura de dominação minoritária. Criando um corpo místico de união geral – a nação –, o nacionalismo nega as classes sociais e *ipso facto* assegura sua preservação. No caso dos judeus, o violento ressurgir do antissemitismo, que culminou nos fornos crematórios do hitlerismo, provocou, como não podia deixar de provocar, uma reação nacionalista – o sionismo –, que triunfa em virtude do próprio êxito do nazismo, ao lograr a eliminação do judaísmo europeu pelo extermínio de milhões de pessoas. Essa união dos contrários é magistralmente demonstrada por Pinsky na própria origem do nacionalismo judeu. Em que medida, seria o caso de perguntar, não se poderia encontrar a mesma dialética nas origens do nacionalismo brasileiro?

A verdadeira obra histórica é aquela que, ao desvendar o passado, ilumina ao mesmo tempo o presente e transcende o seu tema, revelando no particular o universal. Penso que, neste sentido, a contribuição de Jaime Pinsky é uma obra histórica no melhor sentido da expressão.

Introdução

> *O judeu se tem conservado,*
> *não apesar da história, mas através dela.*
>
> Karl Marx

> *O espírito de cada geração emana do espírito do corpo coletivo*
> *de todas as gerações precedentes e volta sempre*
> *ao ponto da existência nacional.*
>
> Ben-Zion Dinur

A questão da existência judaica *na* ou *apesar* da História é a motivação última deste trabalho. A História ensina que uma condição básica para a existência nacional é o território. Desde o ano 70 da nossa era, após o romano Tito ter destruído o Templo de Jerusalém, acabado com a autonomia política judaica e provocado a dispersão dos judeus pelo mundo, houve uma separação entre terra e povo. O fato é que, mesmo assim, os judeus continuaram mantendo uma unidade, durante quase 2000 anos. Isso quer dizer que um povo pode sobreviver, manter sua identidade, sem dispor de um território, ou seria o caso dos judeus algo muito particular? Nesse caso, o que tiveram de *sui generis*, como e por quê?

Este livro vai dar uma resposta, historicamente consistente, a essa questão, mostrando que sim, o povo judeu manteve uma unidade muito particular durante esses séculos todos. Mas, ao contrário do que alguns afirmam, este fato não nega a História, mas a confirma, como poderá o leitor comprovar lendo as páginas a seguir.

Como o tema é controverso, faço um apanhado de explicações para esse suposto fenômeno, uma vez que diferentes autores têm dado diferentes respostas a essa questão.

Os sionistas – ideólogos e historiadores – afirmam que a condição necessária e suficiente para a superação dos longos séculos de diáspora foi a fé no retorno a Sião, a manutenção da ideia nacional.

Essa crença, materializada a partir de uma alegada "vontade do povo", teria acabado por prevalecer sobre os massacres e as pressões assimilatórias, como sugere Ben-Zion Dinur na epígrafe acima. Haveria, pois, um povo sem terra que simplesmente retornou a sua terra, que, por sua vez, estaria sem povo. O final feliz, o reencontro de povo e terra, teria ocorrido com o restabelecimento do Estado.

Bem ao contrário dessa concepção, pode-se identificar uma corrente mecanicista e pseudomarxista que opta por uma resposta mais banal, pois simplesmente nega a identidade judaica, dizendo que não passa de uma "falsa consciência do real". Negando a "existência judaica" (não nega, é claro, a existência das pessoas, nega uma identidade específica para o grupo), transforma tudo, povo, religião, tradições, cultura, o próprio judeu, nessa "falsa consciência" da realidade. Ao estabelecer essa "falsa consciência", estabelece que a permanência judaica na História teria sido apenas uma espécie de miragem coletiva, pesadelo conceitual facilmente eliminável, com uma dose maciça de uma "visão científica".

Não podendo aceitar essas visões maniqueístas – de um lado a negação de qualquer diáspora (a "semente" não estaria espalhada, apenas em estado letárgico, adormecida), de outro, a negação da existência de qualquer judeu (miragem conceitual) –, investigo *como o judeu efetivamente sobreviveu na História, a partir de sua relação com os meios de produção*. Que atividades ele exercia, como era percebido,

INTRODUÇÃO

aceito, rejeitado, incorporado à sociedade pelos não judeus. Investigo verdades e mitos. Em vez de ter respostas prontas, como ideólogos costumam fazer, parti para a pesquisa consequente, com a certeza de que as respostas poderiam vir de onde deveriam estar: na História. Assim, achei necessário verificar, inicialmente, as formas da existência judaica no mundo pré-capitalista. Por que e como foi que judeus se reproduziram, na condição de judeus, na Idade Média Ocidental e no período imediatamente posterior ao feudalismo?

No período de transição, em que os judeus não vivem mais em um mundo feudal, mas ainda não tinham sido incorporados pelo capitalismo, desenvolvem-se alguns movimentos que têm por função ajustar o grupo à sua condição de existência, por meio da elaboração de uma série de valores que acabaram, de uma forma ou de outra, por fazer parte das "tradições judaicas". Quais as condições históricas que engendraram esses movimentos – especialmente o hassidismo e o messianismo – e qual a forma pela qual realidade material e o universo ideológico interagiram? Que percepções e concepções de realidade são produzidas, como elas podem ser explicadas, o que refletem da vida concreta dos grupos sociais? O desvendamento de ideologias consideradas constituintes do judaísmo é o objetivo do capítulo "Movimentos pré-políticos".

Aí chegamos a um ponto crucial da investigação: a "ideia nacional judaica" tem uma existência milenar? Nesse caso, que tipo de "ideia nacional" pode ter existido na Antiguidade? Um salmo em que o poeta jura lealdade eterna a Jerusalém ("Às margens dos rios da Babilônia") é o bastante para se falar em "identidade nacional"? Mesmo na Idade Média, pode-se garantir que já haveria essa identidade, tão antes da Primavera dos Povos, que apareceria apenas no século XIX? Seria aceitável a ideia de um imaginário nacional sem elementos materiais para justificar sua constituição? Como começa, de onde é tirada, por que e por quem é desenvolvida a ideia nacional judaica?

Este livro, ao mostrar com documentos e análise a existência de uma identidade e suas manifestações, acaba ganhando enorme atualidade, pois não faltam explicações precipitadas, até mal-intencionadas, que alegam ser o nacionalismo judaico fruto da expansão do imperialismo inglês ou bobagens equivalentes...

Para dar consistência à análise, explico a forma pela qual se dá a passagem do medievo (pensando em termos de pré-capitalismo) para a modernidade (o capitalismo) para os judeus, o que tem a ver com o lugar em que estão habitando.

Estudo essa passagem verificando, primeiramente, as condições materiais de existência judaica ("O mundo da gente miúda") e as alterações nessas formas desenvolvidas no decorrer do século XIX ("Do *shtetl* à cidade"). A seguir, trabalho com algumas ideias nacionais, concebidas por pensadores judeus que se preocupavam com a problemática nacional, já nesse período histórico. Assim, analiso os discursos de um nacionalista "espiritualista", Ahad Haam, e de outro considerado "autonomista", o historiador Dubnow. Estudo ainda o Bund, partido socialista que pretendia representar os operários judeus e procurava uma resposta nacional-comunista; depois, chego aos sionistas, particularmente Leon Pinsker e, finalmente, Theodor Herzl. Em todos os casos me preocupo em explicar as ideologias a partir das condições materiais, não como ideias pairando no ar, aparecendo como que produzidas por geração espontânea. Busco, sempre, estabelecer a articulação entre as condições materiais e as teorias que as representam. Viso, com isso, contestar o simplismo com que essas concepções costumam ser apresentadas.

O desenvolvimento do trabalho acabou me levando a discussões de amplitude maior do que a temática da obra poderia sugerir. É, por exemplo, o caso da articulação entre consciência social e a chamada "consciência nacional", que é tratada no item "Por um sionismo socialista".

Uma breve conclusão final tem a função de sintetizar o caminho percorrido.

★ ★ ★

INTRODUÇÃO

O material levantado para a elaboração deste livro foi bastante variado, tendo consistido de:

1. *Textos de autores*, como Herzl, Pinsker, Borochov e outros, ponto de partida para a análise ideológica. Procurei cotejar sempre diferentes edições dessas obras, mas deixei as referências, nas notas, àquelas mais acessíveis ao leitor brasileiro.

2. *Noticiário e editoriais de jornais*. Fiz um mapeamento cuidadoso do material estampado em jornais do século XIX, como *The Jewish Chronicle* (editado em Londres), encontrando noticiário, editoriais ou cartas à redação a respeito de ideia nacional, sionismo, declarações de identidade etc.

3. *Dados estatísticos*. A análise dos levantamentos realizados pela ICA (Jewish Colonization Association) em fins do século XIX e publicados alguns anos depois forneceu dados preciosos a respeito da situação material vivida pelos judeus no processo de transição. Desemprego, pobreza, ramos de atividade e concentração populacional são aspectos extraídos daquele precioso relatório.

4. *Panfletos políticos* do Bund e do partido Poalei Tzion, publicados em iídiche.

5. Um *pinkas* (almanaque) de um *shtetl*. Ao informar sobre a vida cotidiana, essa publicação desnuda tanto a estrutura de poder existente dentro da comunidade quanto a real valorização social do estudo dentro de uma cidadezinha judaica na Europa Oriental.

6. *Memórias*. É muito enriquecedor ler o que escreveram o primeiro judeu que cursou uma universidade na Rússia, Lev O. Mandelstam, o líder do Bund, Vladimir Medem, e, sem dúvida, Theodor Herzl, o fundador do sionismo político, em seu diário.

7. *Obras de ficção*, especialmente o mundo encantador de Sholem Aleichem. A riqueza humana e as contradições do *shtetl* aparecem de forma notável em sua produção, como mostro em "O mundo da gente miúda".

Todo esse material constitui *fonte* para a elaboração do meu livro e não *material secundário*, razão pela qual, na bibliografia arrolada no final, evito a terminologia clássica que distingue um do outro. Privilegiei apenas os periódicos e os panfletos, colocando na mesma listagem o material impresso restante.

A divisão da obra obedece a um esquema determinado pela opção metodológica – a análise ideológica – e não por razões puramente cronológicas. Parto da constatação de uma existência judaica "nos poros da produção" para verificar como os "movimentos pré-políticos" são engendrados pelo grupo. Depois faço um histórico do longo "período de transição" com as respectivas "teorias da transição", para concluir com a chegada da modernidade carregando no seu bojo "a ideia do Estado". Não escondo o fato de alguns teóricos da transição terem vivido depois de outros, que considero "da modernidade"; nem por isso, contudo, devem ser considerados mais "modernos", uma vez que seu discurso é incompatível com a modernidade. Mostro isso claramente.

Não se pode rotular os diferentes períodos históricos a partir da realidade de algumas regiões da Europa Ocidental. O estudo que faço mostra o judeu na Europa Oriental, e a escolha não é arbitrária. Primeiramente porque cerca de 70% da população judaica mundial viveu nessa região ao longo do século XIX, perto de 8 milhões de pessoas no final desse século. Depois, porque a região em que essa concentração judaica ocorria constituía uma espécie de "última fronteira" europeia de resistência ao capitalismo. A concentração judaica dentro deste espaço (chamado de *cherta*, em russo, *pale*, em inglês, e *zona de residência judaica*, em português) provocou o desenvolvimento de uma verdadeira "civilização judaica" de língua iídiche. Foi lá que surgiu o nacionalismo judaico, e é por isso que meu estudo aborda esse judaísmo. É na Europa Oriental, nessa verdadeira civilização de língua iídiche, que seria, mais tarde, destruída pelos nazistas, que surgiu o nacionalismo judaico. Não por acaso.

* * *

INTRODUÇÃO

Este livro se originou de pesquisa feita quando eu trabalhava na Unicamp e na USP, como professor de História. Nessa época, ofereci matéria optativa sobre alguns temas que apresento aqui. Tive a sorte de ter alguns alunos muito argutos que, ao levantar questões pertinentes, me levaram a aprofundar investigações. Agradeço a essas boas cabeças, hoje bons historiadores.

Tive, também, a oportunidade de conversar sobre problemas específicos com interlocutores especiais, particularmente os sociólogos Florestan Fernandes e Octavio Ianni, amigos queridos e grandes intelectuais. Para minha (agradável) surpresa, encontrei em Sérgio Buarque de Holanda um leitor cuidadoso da história da Rússia no século XIX, o que nos proporcionou boas e longas conversas, muito enriquecedoras. Paul Singer, cuja generosidade intelectual suplantava qualquer imaginação, me esclareceu aspectos conceituais de economia política. No final, se ofereceu para prefaciar meu livro e escreveu o texto que me orgulho de ostentar nas páginas iniciais deste volume.

A pesquisa foi demorada e difícil, mesmo porque foi feita antes da implantação da internet. Tive que viajar para Estados Unidos, França e Israel para encontrar páginas esclarecedoras de jornais e revistas em bibliotecas distantes e me satisfazer com cópias xerox de curta duração (com o tempo as letras esmaeciam, até desaparecerem). Tive que ler não apenas em línguas diferentes, mas em alfabetos distintos. Não havia tradução simultânea, nem arquivos digitais. Como a língua iídiche faz parte da minha cultura desde a infância, não tenho dificuldade em entendê-la, mas muita dificuldade em lê-la, pois é bem diferente do hebraico, embora use o mesmo alfabeto. Recorri à minha mãe, que lia para mim em voz alta; em troca, eu tinha que explicar à Dona Luiza as brigas entre Trotsky e o Bund a respeito de quem deveria fazer trabalho de proselitismo político com os operários judeus na Rússia. Ela ouvia com atenção e fazia perguntas. Sua curiosidade intelectual não tinha limites.

Boa leitura.

Nos poros da produção

*O judeu era integrado pela rejeição,
engendrado como marginal e diferenciado,
para que não deixasse de existir.*

Jaime Pinsky

O sistema de produção feudal não era destinado à produção de mercadorias: este não era o objetivo de servos ou de senhores. Na eventualidade de sobras, as trocas geralmente eram realizadas em bens, sem propiciar intensa circulação de dinheiro. Numa formação social em que a economia monetária não é fundamental, o capital vive, como já foi dito, nos poros da produção.[1] São nesses poros, exatamente, que se introduziram os judeus.

Eram todos os judeus comerciantes naquele período? Sabidamente, não o eram. Entre eles, havia também artesãos e médicos, por exemplo.[2] O que interessa aqui não é isso, mas o fato inegável de terem sido identificados e integrados na sociedade como comerciantes e emprestadores de dinheiro, como veremos a seguir.

O comerciante judeu, desse período, não investe dinheiro na produção: não compra matérias-primas, não financia os artesãos que fabricam tecidos, como, mais tarde, os negociantes farão. Seu capital comercial não é senão intermediário entre diferentes sistemas de produção que não domina e cujas condições não cria.[3] Por isso, é um equívoco falar do comerciante judeu como elemento que entra em contradição com o modo de produção feudal. Pelo contrário, a especificidade do seu comércio reforça o senhor feudal, uma vez que é a ele que serve, na medida em que realiza seus lucros através da exploração da diferença entre os custos de produção de regiões distintas, apropriando-se de parte do mais-produto arrancado a seus servos pelos senhores feudais.

Além disso, o dinheiro do comerciante judeu não funcionará como elemento de poder. O senhor feudal, ao mesmo tempo que se utiliza do comerciante, estigmatiza-o, enquanto judeu, de forma a manter um controle ideológico sobre ele. Porque como comerciante, numa economia "natural", recebia a pecha de "improdutivo", e como judeu, em um mundo cristão, aparecia como "deicida e marginal". Embora necessário historicamente – reserva monetária numa sociedade não argentária –, era controlado pela ideologia dominante que o integrava pela rejeição, que o engendrava como marginal e que o diferenciava para que não deixasse de existir.

Mais tarde, quando o senhor feudal começa a ter dificuldade em entesourar, passa a utilizar-se do usurário para financiar suas compras. O camponês livre, em época de más colheitas, vai precisar também de dinheiro para adquirir sementes ou pagar seus impostos. Recorre ao usurário, que, de início, confunde-se com o comerciante judeu. Vende o seu produto e financia o comprador. Mais que uma versão precoce das cadeias varejistas, era uma "forma antediluviana de capital".[4]

A identificação de judeus a certas tarefas era tão imediata que era comum cada governante ter os seus próprios judeus para a coleta de impostos: os judeus eram os homens do dinheiro numa sociedade sem dinheiro.

Não será por acaso que o declínio da chamada economia "natural" irá comprometer a situação dos judeus, como veremos depois.

Uma polêmica se estabelece quando se tenta determinar até que ponto a opção de judeus para o comércio e a usura era fruto da "vontade do grupo" ou da legislação que os proibia de exercer outras profissões. A historiografia tradicional judaica opta ou pela solução "o mundo contra os judeus" ou por justificativas que parecem pedidos retroativos de desculpas. No primeiro caso, encontram-se Dubnow ou Ben-Zion Dinur, apenas para citar historiadores conhecidos. No segundo caso, poderia lembrar Baron, quando sugere que

> uma vez superada sua relutância em cobrar juros, também os rabinos achavam que o empréstimo de dinheiro era uma ocupação rendosa e conveniente de parte do tempo, que pouco interferia em seus estudos.[5]

De outro lado, Léon afirma que

> mesmo as corporações que excluíam os judeus não o faziam por animosidade religiosa ou por ódio racial, mas porque as profissões de mascate e usurário eram consideradas desonestas.[6]

Essas visões oscilam entre o idealismo e o mecanicismo. *Concretamente, não houve alternativa para os judeus. Deles, exigia-se comportamento "judaico", o que significava desempenho de papel de comerciante e usurário na sociedade feudal.* Eram protegidos por serem úteis. A posição social deles não era objeto de discussão. A maldição das profissões de comerciante e usurário, numa economia "natural", entrava em contradição com sua necessidade social. O judeu, figura socialmente marginal, resolvia dialeticamente o problema e permitia, ao mesmo tempo, a existência das atividades e sua condenação.

A partir do interesse em produzir para a troca,[7] surgem centros privilegiados, como Veneza e Florença, além de certas regiões da Inglaterra que estabelecem alguns monopólios (respectivamente, sal, tecidos e lãs), criando uma poderosa classe de comerciantes que, originada das fileiras do artesanato, parte para a distribuição de mercadorias. A diferença entre esses comerciantes e os judeus é fundamental: agora, a distribuição não é simplesmente uma atividade autônoma, eventual, mas um momento do processo de produção. Aos poucos, vão se desenvolvendo expressivas concentrações urbanas em Veneza, Pisa, Gênova, Bruxelas, em cidades inglesas, e aparece uma nova classe de *comerciantes respeitáveis e cristãos*, deixando aos poucos para trás o comércio judeu. No geral, pode-se dizer que o monopólio comercial dos judeus declina, à medida que se desenvolvem os povos cuja exploração os alimenta.

O choque entre o comércio pré-capitalista e o mercantil chega a tomar formas violentas, associadas a motivações religiosas ou políticas, como no caso das cruzadas. Paulatinamente, a usura vai se desligando do comércio e passa a ser a mais significativa das tarefas em que se empenhavam os judeus.

Ao mesmo tempo que essa forma pré-capitalista de atividade financeira decorria do próprio estado das relações de produção, as taxas cobradas pelos usurários propiciavam-lhes uma acumulação que tendia a destruir as antigas formas sociais de trabalho. O dinheiro acumulado provocava a "proteção" dos reis em troca, é claro, de participação nos lucros. Na França e na Inglaterra, além das taxas a que eram submetidos, os judeus sofriam periódicas expulsões, sendo seu retorno regulado não por razões religiosas ou humanitárias, mas pelas necessidades do tesouro real. O historiador Simon Schama conta em detalhes, em *A história dos judeus*, como o ódio cultivado contra os judeus, por vezes, escapa do controle dos próprios dignatários. Ao insuflar o povo contra os judeus em geral (a velha história do deicídio, somada a outras novas, como o suposto assassinato ritual de crianças em festins diabólicos promovidos por judeus), os dirigentes por vezes perdiam o controle e se deparavam com massacres não autorizados praticados por soldados em cruzadas, funcionários do palácio real ou simples membros da plebe que se vingavam contra aquele povo que lhes disseram ser abjeto.

Cerco da cidade de Acre pelos combatentes da Terceira Cruzada (1180-91).

Dessa maneira, a uma mudança no modo de produção, correspondia uma alteração na forma de marginalização.

As contradições decorrentes desse choque de interesses não são levadas em consideração pelos autores que atribuem aos judeus – com um simplismo comovente – papel fundamental no desenvolvimento do capitalismo. Sombart, em *Os judeus e o capitalismo moderno*, conclui que

> (...) as ideias fundamentais do capitalismo e as do caráter judaico mostram uma similaridade única. Temos aí um triplo paralelismo entre caráter judaico, religião judaica e capitalismo.[8]

OS JUDEUS

Mas não é bem assim que os fatos se dão. Querendo adaptar a relação puritanismo/capitalismo de Weber a judaísmo/capitalismo como ele mesmo confessa,[9] Sombart acaba deixando de lado o judeu real no período da gênese do capitalismo.

A relação dos judeus com os diferentes grupos sociais era complexa e não pode ser explicada sem levar em conta, também, o aspecto ideológico. O judeu, seja comerciante, usurário ou intermediário, oferecia a vantagem de ser objeto de controle numa sociedade em que *ser judeu* já era uma mancha indelével, uma espécie de pecado original. Olhando para trás, podemos notar que ele era enquadrado e limitado por muitas formas:

- por meio de impostos ou taxas especiais, que não atingiam não judeus;
- por meio de restrições à sua atividade, pois podia ter dinheiro, mas não podia comprar várias coisas com ele, entre as quais a terra: desta forma nunca poderia ser proprietário fundiário, o que em muitas sociedades fazia uma diferença enorme;
- por meio da proibição de casamentos "mistos", uma vez que, na maior parte dos lugares, um judeu não podia se casar com uma mulher cristã;
- por meio da obrigação de viver em bairro judeu, não podendo usufruir de sua fortuna;
- por meio da expulsão: em muitas situações, quando os dirigentes não precisavam mais dele, simplesmente o mandavam embora, sendo que o judeu ainda tinha a obrigação de perdoar as dívidas contraídas com ele e de vender seus bens por valores insignificantes;
- e, muito comum também, por meio de julgamentos que culminavam com a execução ou, mais informalmente, com massacres.

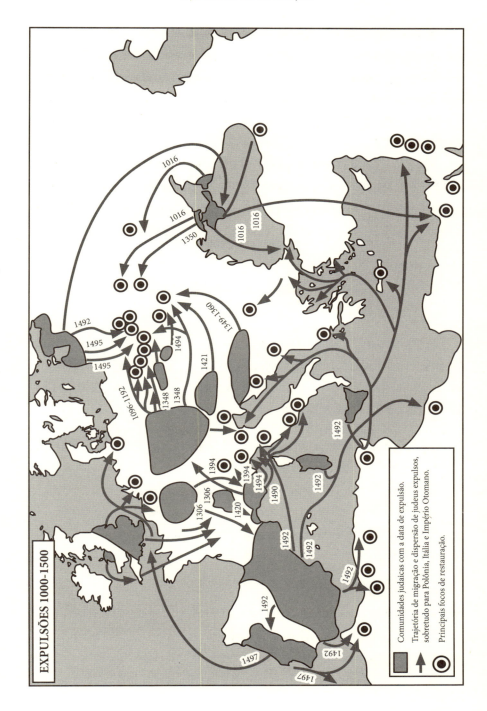

OS JUDEUS

Existe farta documentação mostrando todas essas formas de controle do judeu, desde a Idade Média Ocidental até o Holocausto promovido pelos nazistas no século XX, passando pelas cruzadas, pelos muçulmanos, pelos ingleses, pelos russos e demais eslavos etc. Vez ou outra os massacres não tinham motivação de controle social, mas essa era a regra.

Veja-se, por exemplo, o que ocorre na Espanha, em meados do século XII, quando as cortes castelhanas submetem à consideração do rei as seguintes exigências relativamente aos judeus:

1. regulamentação das operações financeiras e limitação do lucro;
2. interdição do direito hereditário de posse de terras;
3. eliminação da atuação dos judeus como funcionários e intendentes.

Se, por um lado, se reconhecia nessas medidas a importância da presença judaica na sociedade – não se cogita em eliminá-la –, buscava-se, por outro, estabelecer limites à sua atuação, mantê-la sob controle. As reivindicações, de fato, procuravam:

1. diminuir a parcela do mais-produto que a nobreza tinha que ceder aos judeus;
2. permitir a utilização das terras, pelos judeus, como bem de troca, mas não como forma de renda ou de valorização social;
3. impedir que os judeus pudessem apropriar-se da máquina estatal.

Se com a nobreza os usurários e comerciantes judeus mantinham, frequentemente, relações satisfatórias, com a burguesia em ascensão a contradição logo se estabelece. A política mercantilista defendendo as burguesias locais (o judeu nunca era considerado "local"), através da criação de empecilhos à produção estrangeira, limitava e tendia mesmo a eliminar o comércio judeu que se ocupava prioritariamente de produtos exóticos e supérfluos. Por outro lado, o usurário judeu, financiador do consumo por excelência, vai perdendo parte de sua importância pelo crescimento da burguesia, financiadora da produção. O dinheiro dos novos banqueiros – os Médici, os Fugger, por exemplo – vai funcionar como apoio à burguesia que já começa a organizar a produção e, como consequência, criar a mais-valia e desenvolver o capitalismo.

Ao usurário judeu restava o financiamento de atividades dos camponeses livres. Ele será vítima de taxas altíssimas pagas a reis, nobres ou burgueses e, por vezes, a todos eles simultaneamente. A conquista do direito de cobrar impostos aos judeus é um momento importante do crescimento dos burgos e do desenvolvimento da nova classe dominante. Assim, em 1252, a cidade de Colônia obtém de seu arcebispo o direito a um terço dos impostos pagos pelos judeus locais. A mesma taxação ou outra equivalente vai sendo conquistada por Worms em 1293, Nuremberg em 1315, Frankfurt em 1337, Estrasburgo em 1338 e muitas outras.[10]

Os artesãos e os camponeses eram sobretaxados indiretamente, pois, tendo que pagar taxas elevadas a burgueses, nobres e reis, os judeus cobravam juros altíssimos. Se a isto for somado o fator de ódio ao judeu – "deicida" e "diferente", o "outro" da sociedade –, o panorama de surtos paulatinos de antissemitismo "religioso"[11] em cidades da Europa Ocidental vai tornar-se compreensível.

Assim, o ódio antijudaico deve ser creditado ao papel econômico desempenhado pelo usurário judeu na sociedade, na sua forma mais ampla, abrangendo tanto as relações econômicas no sentido restrito quanto a imagem de "explorador" e "parasita social", criada e cuidadosamente cultivada pela estrutura de poder. O judeu imaginário era, portanto, elaborado, construído por interesses oriundos da própria estrutura de poder.

A mesma classe dominante da qual ele era instrumento não tinha dúvida alguma em estimular o ódio de camponeses e artesãos contra o judeu se, apesar de tudo, ele conseguisse acumular um capital significativo. Muitas vezes, organizaram-se matanças, mais tarde transformadas em expulsões. Nessas ocasiões, as vítimas eram *todos* os judeus, não só os usurários. O elemento explicativo em última instância – o de caráter econômico – era de tal forma escamoteado que uma nebulosa "natureza judaica" concretizava-se a ponto de tornar-se o elemento explicativo das perseguições. Quando necessário explicitar a "natureza perversa" do judeu, bastava inventar alguns assassinatos rituais, envenenamento de poços ou simplesmente "parte com o demônio".

As contradições de interesses tornam-se claras pela atitude de algumas cidades que, após expulsar o judeu, pedem sua volta. Isso perdura durante os últimos séculos na Idade Média, ao mesmo tempo que outros episódios antijudaicos ocorrem. Em 1215, o quarto Concílio de Latrão obriga os judeus a usarem um sinal especial nas roupas, chapéu para homem, véu para a mulher. Na Alemanha, a determinação é ignorada em alguns lugares, mas seguida com zelo até excessivo em outros.[12] Ao mesmo tempo, o bairro judeu, o *judenviertel*, que surgira com a função defensiva, vai adquirindo conotação mais pejorativa, distante da cidade e cercado de muros. Poucos habitantes do bairro e apenas em horários e condições preestabelecidos recebiam autorização de cruzar os seus muros.

Uma das grandes tragédias da existência judaica reside exatamente no fato de terem sido os judeus considerados "diferentes", positiva ou negativamente. Sua reclusão, patrocinada pelos poderosos que deles se beneficiavam, realça sua pretensa especificidade, torna-os dependentes de uns e odiados por outros. O bairro judeu, protegido, passa a ser preconizado pela Igreja como forma de impedir o "contágio" dos cristãos. O ódio das massas contra os poderosos transfere-se contra os seus supostos protegidos (os judeus), que, na verdade, não eram protegidos, mas prestadores de serviço.

Fechados, fisicamente, os judeus reforçam "por dentro" a especificidade que se lhes tinha sido atribuída "de fora". Vestem-se de forma diferente, moram em lugar diferente e, a partir do século XIII, passam a falar de forma diferente: o nascimento da língua iídiche representa bem o "mundo judeu" engendrado na História. É bem verdade que, com o tempo, os massacres diminuem: os nobres descobrem que a eliminação das dívidas ocorre automaticamente com a expulsão dos judeus, razão pela qual passam a adotar essa medida com maior frequência. *Os massacres não surgem e desaparecem casualmente, apesar da História, mas por causa dela. Como a própria existência judaica.*

A ÉPOCA DE OURO

Conta uma antiga lenda judaica que, tangidos pela sorte, os judeus vagavam sem descanso de um lugar para outro, sem que Deus se apiedasse deles, até que chegaram a um território da Europa Oriental. Aí o Todo-Poderoso apontou o dedo e disse ao povo eleito: *pó-lin* (aqui descansarás, em hebraico). *Polin* é também o nome da Polônia em hebraico. Por alguns séculos, os judeus viveram lá. Foi uma de suas épocas de ouro.

Na verdade, os judeus chegaram à Polônia vindos da Europa Ocidental, fugindo das perseguições que sucederam o processo de desenvolvimento do capitalismo mercantil. Há uma corrente historiográfica que tenta mostrar a presença judaica na Europa Oriental, bem antes, através dos cazaros.[13] Mesmo aceitando, em tese, a hipotética presença dos cazaros na Europa Oriental, não seria o caso de valorizá-la em termos de influência cultural. Os *ashkenazim* (literalmente, alemães), de tradição ocidental, cultivando o dialeto que mais tarde iria se transformar no iídiche, deram o tom e passaram a ser considerados os únicos judeus nessa parte da Europa. Se os cazaros entraram na etnia o fizeram de forma minoritária. Ao menos em termos de influência.

Apesar de haver referências à presença de judeus na Polônia já em fins do século XI, só após a passagem dos tártaros (1241) e a reorganização do reino é que se pode falar de comunidades judaicas organizadas. Em 1264, outorgaram-se-lhes os Estatutos de Kalisz, que perduraram, com pequenas alterações, durante cinco séculos. Dividido em 37 artigos, o documento autoriza o judeu a comprar, vender e trocar, locomover-se sem pagar taxas, emprestar e tomar emprestado, ter sua palavra e seus feriados respeitados, ter o direito de se defender quando agredido, *mesmo que por um cristão*. Mas deixa claro que nenhum cristão deve alojar um judeu em sua casa.

Mesmo Casimiro, o Grande, que em 1364 outorgou uma série de privilégios aos judeus – fugidos da Peste Negra e das perseguições dela resultantes –, referia-se a eles como *perfidus* e *incredulus*. Mesmo assim, a emigração judaica em direção à Polônia vai ser muito intensificada nos séculos XIV e XV.

NOS POROS DA PRODUÇÃO

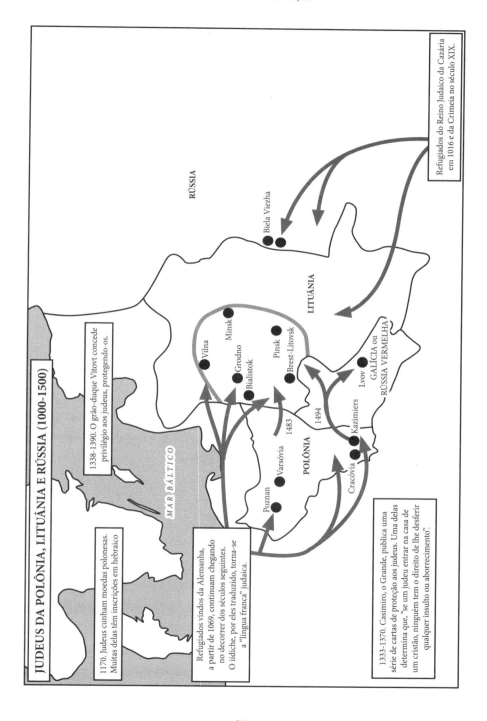

Para o soberano que os protegia, considerando-os *servi camarae*, os judeus representavam a competência e a fidelidade de que o rei necessitava para entregar concessões daquilo que monopolizava: extração mineral, caça e pesca, criação e exploração de feiras, comércio do sal, manutenção de tabernas e cunhagem de moedas.

Além disso, as já consagradas atividades judaicas no comércio e na usura serviam tanto para financiar a compra de artigos estrangeiros (o vinho italiano, a cerveja inglesa ou o açúcar da Turquia, entre outros) como para exportar para o Ocidente produtos (como a madeira, o trigo e o breu) que a aristocracia local enviava, com a finalidade de obter em troca seus sofisticados bens de consumo. Dessa forma, os judeus iam repetindo algumas de suas atividades já desenvolvidas no medievo europeu ocidental: eram necessários, protegidos até, mas ao mesmo tempo – e pela própria proteção – diferenciados.

É frequente encontrar em obras sobre esse período um olhar simplista envolvendo as atividades profissionais dos judeus:

> Os judeus souberam resolver as questões financeiras, tinham amplos contatos no exterior do país, eram ativos e trabalhadores e preenchiam uma lacuna que havia, por causa da inexistência da burguesia organizada e preparada...[14]

Não se tratava, contudo, de simples questão de talento. A nobreza polonesa não tinha interesse no desenvolvimento de uma burguesia "organizada e preparada". Mais uma vez o *judeu* aparecia como solução para manter o *burguês* à margem do poder, uma vez que ele, judeu, poderia ser controlado, como vimos acontecer em outras ocasiões. Uma força produtiva nova e potencialmente revolucionária era muito perigosa para a estrutura de poder dos nobres. Para controlar o judeu havia o antissemitismo: judaizando-se o comerciante, "esvaziava-se" seu conteúdo de classe e legitimava-se qualquer perseguição; afinal, tratava-se "apenas" do judeu...

A ideia não era integrar – no sentido de destruir a identidade – nem matar – no sentido de destruição física – o judeu. Ele era necessário por ser quem era. Quando um importante autor afirma que, nesse período,

> o objetivo principal da Igreja com respeito ao judeu era o de convertê-lo: não conseguindo isso, relegá-lo a uma existência miserável, de segunda classe,[15]

procura defender a tese presentista e tão do agrado de certos círculos de que o judeu teria *resistido* às tentativas de perda de sua identidade. *Sabe-se, porém, que a não assimilação dos judeus deveu-se menos à vontade consciente do grupo* – aliás, esta razão era engendrada ou pelo menos reforçada pela outra – *do que à necessidade que se tinha do grupo como entidade judaica*. Dessa forma, as qualidades do judeu, tão decantadas por certo tipo de historiografia (inteligência, operosidade, habilidade, técnica etc.), constituíram-se no outro lado da moeda onde estava cunhada sua rejeição social. *A especificação de defeitos ou qualidades próprias é a legitimação do particularismo, uma forma de controle social.* "Este povo, ou raça, serve só para isso, aquele, apenas para outra coisa." Olhares como esse podem levar a comportamentos racistas, no limite.

As contradições sociais da Polônia vão empurrando suas fronteiras mais para o leste[16] e, com elas, o judeu. Onde se abria uma nova fronteira, lá estava ele, cobrando impostos e taxas, tanto da população urbana, composta principalmente de artesãos e mercadores poloneses, como de camponeses, geralmente de origem rutena. Assim, entre o nobre polonês e o camponês ruteno greco-ortodoxo, ficava o judeu, homem de confiança do nobre, odiado pelo camponês, de quem cobrava taxas e a quem emprestava dinheiro. A impossibilidade de controle direto das cobranças de taxas por parte do nobre dava força aos judeus, frequentemente, poder decisório. Corrupção e conivência com a sonegação eram contingências da atividade.

Nem é preciso acrescentar, uma vez mais, que, embora eficiente e necessário, o judeu era desprezado pela nobreza; e que o considerado "matador de Cristo" era aquele a quem o camponês devia tributos, cujo dinheiro tomava emprestado e em cuja taberna bebia.

Um historiador do século XVIII afirma que

> apesar de todos os defeitos que há neles ["judeus"] eram quase os únicos dotados naquele país [razão pela qual] viu-se a nação polonesa na contingência de lhes dar todas as espécies de direitos, para satisfação das necessidades próprias, embora, por outro lado, isso provocasse ódio religioso e perseguições.[17]

Como era frequente, um olhar simplista: o povo é "despreparado", o judeu é "dotado", os nobres foram "gentis" com os judeus, mesmo assim houve "ódio religioso". Esse tipo de narrativa, atribuindo características de bons e maus, trabalhadores e vagabundos a povos inteiros, é uma bobagem, pois não busca a fundo a raiz da questão.

No ano de 1539, foi aprovada uma lei no Sejm (parlamento polonês), segundo a qual os judeus que habitavam nas terras dos nobres não mais seriam protegidos – nem taxados – pelo rei, mas apenas pelos senhores aos quais serviam. Isso criou, teoricamente, duas espécies de judeus: os "do rei" e os "particulares". Na prática, porém, os judeus nunca deixaram de pagar os impostos devidos ao rei, que, em troca, dava-lhes um *status* especial e um nível de autonomia grupal que os diferenciava e os mantinha como tal.

No início do século XVI, já havia judeus em todas as partes do reino polonês. Participando da sociedade e sendo por ela rejeitados, era necessário que tivessem uma organização comunitária específica. Isso poderia facilitar a administração pública que não mais teria que se preocupar com problemas dentro do grupo judaico.

A *keilá* é criada para exercer essa função. Ela foi uma organização comunitária judaica que reunia uma associação de indivíduos residentes em determinada cidade, com seus rabinos, sinagoga,

NOS POROS DA PRODUÇÃO

cemitério e demais serviços necessários. As comunidades menores, sem condições de suprir suas necessidades, ligavam-se à *keilá* mais próxima, que tinha o seu organismo diretivo, o *kahal*, formado por um poder executivo, um grupo de edis (os *tovim*) e um conselho. Podia haver vários comitês – educacional, assistencial, legal etc. –, todos eles escolhidos por um reduzido grupo composto pelos mais ricos e mais cultos, valores aceitos pela comunidade como um todo.

As diferenças sociais, embora consideradas determinações divinas – essa era a desculpa para mantê-las –, eram escamoteadas pela assistência social prestada aos miseráveis ou recém-chegados e pelo tipo de taxação imposta aos membros da comunidade. Os impostos comunitários eram pagos apenas por aqueles que podiam fazê-lo e os impostos reais ou imobiliários eram pagos a partir da condição individual, sendo que os mais ricos pagavam, total ou parcialmente, o devido pelos menos aquinhoados.

O caráter paternalista da *keilá*, o apoio que recebia da sociedade polonesa e a inexistência de relações diretas de opressão – a despeito das diferenças, muitas vezes significativas, em termos econômicos – não permitiram o surgimento de uma oposição organizada dentro dela. Vozes discordantes tinham a força de protestos individuais e como tal se diluíam.

Por vezes, havia problemas que não podiam ser resolvidos no interior de uma *keilá* em particular, pois se referiam a questões amplas, concernentes a várias delas. Para esses casos, organizou-se uma espécie de "governo regional", com reuniões planejadas, composto pelos representantes das *keilot* – sempre membros do conselho – com funções definidas.

O reino da Polônia, para efeito dessas reuniões, tinha quatro províncias que correspondiam, apenas aproximadamente, à divisão administrativa polonesa: Grande Polônia, Pequena Polônia, Rússia Vermelha (Rutênia) e, em meados do século XVI, Volínia. Fora da Polônia, a estrutura penetrou também (por exemplo, na Lituânia), de modo a transformar o sistema de *keilá* no modelo administrativo judaico por excelência. Encontros regionais, ou mesmo gerais, eram promovidos visando à discussão de problemas que iam desde aqueles de caráter comercial até questões de doutrina. Criou-se um grande conselho, o *Vaad Arba Artzot* – Conselho das Quatro Nações –, que era o supremo órgão executivo, legislativo e judiciário. Nem por isso os órgãos regionais ou locais ficavam desvalorizados ou afetados em sua esfera de atuação.

A estrutura política da Polônia, mesmo com um poder permanentemente questionado e com sua legitimidade discutida pelos nobres, não podia permitir uma entidade judaica centralizadora, com ascendência sobre os organismos locais. Contudo, o simples fato da existência do Conselho já é, por si só, um elemento suficiente para se compreender a importância do judaísmo polonês.

Uma vez mais, seria simplista – e equivocado – atribuir aos judeus apenas papéis de comerciantes, administradores e usurários; havia também todo o tipo de pequenos artesãos, simples mascates e até agricultores. De qualquer forma, pode-se ter como certo que a situação econômica ao longo do século XVI foi, no geral, estável e tranquila. Nesse período, houve um aumento populacional muito importante, provocado pelo crescimento vegetativo e pela imigração.[18] O momento econômico e político era muito bom, tanto na Polônia em geral quanto na comunidade judaica, o que permitiu um desenvolvimento cultural ímpar.

Realmente, o século XVI foi o "século de ouro" para o judaísmo polonês.

A educação, religiosa por excelência, passou a ser requisito necessário para a formação do "bom judeu". As condições permitiam que quase todos fizessem o *heder*, escola básica e, os mais talentosos, a *ieshivá*, escola superior. A análise e a discussão dos temas religiosos, a tentativa de compreensão dos desígnios divinos e, principalmente, a aplicação das leis no cotidiano transformavam, na visão dos judeus, o ser humano num semelhante a Deus. O estudo tornou-se forma de manutenção da coesão grupal e valor reconhecido dentro do próprio grupo.

Todo esse equilíbrio, aparentemente estável, vai sofrer um grande abalo em meados do século XVII.

O DILÚVIO

Em 1648, Bohdan Chmielnicki chefia uma revolta dos cossacos auxiliados pelos camponeses ucranianos. Lutavam contra seus opressores, os nobres poloneses, e os instrumentos destes, os judeus. É um dos episódios mais trágicos para a história dos judeus, na medida em que desencadeou um processo que levaria à "desestabilização" da comunidade, numa região que tinha funcionado como uma espécie de pátria para eles.

A Revolta de Chmielnicki dirigia-se contra a miséria e a opressão, mas acabou adquirindo aparência de movimento nacional religioso, pelo fato de colocar os ucranianos, geralmente greco-ortodoxos, contra os católicos poloneses e os judeus. Na verdade, essa revolta foi apenas o ponto de partida para uma série de invasões que vão receber o nome genérico de "dilúvio" e que incluem tártaros, moscovitas (em 1654) e até suecos (em 1655). No final, quase toda a Polônia havia caído em mãos dos invasores e o Estado polonês parecia liquidado.[19]

A especificidade do judeu provocava uma situação em que seu caráter de "diferente" era destacado, tanto pelos invasores, que os consideravam, no final das contas, poloneses, quanto por estes que não confiavam na lealdade desses "estrangeiros". Não há dúvida de que os judeus sofreram tanto nas mãos dos invasores quanto nas dos próprios poloneses. O que se questiona é a amplitude do morticínio e o papel que teve no sentido de diminuir a influência econômica da comunidade.[20]

Alguns fatos, porém, são certos. Judeus poloneses se espalham a ponto de alcançar a Hungria, a Turquia, os Estados Germânicos e até a Holanda. Uma parte da população se converte ao cristianismo, para não morrer, e outra se refugia no interior até o final da agitação. Depois, a reconversão é permitida, desde que se prove ter sido feita para salvar a vida. Este é, provavelmente, um momento de intensa miscigenação, já que muitas mulheres judias convertidas – os homens eram geralmente assassinados – voltam à sua crença anterior e para ela conduzem, com frequência, o eventual novo marido eslavo e os filhos.

No final das contas, temos a atividade urbana bastante afetada na Polônia e muitos judeus indo viver no interior em busca de sustento. É indiscutível um empobrecimento da comunidade judaica que, assim como os burgueses poloneses, não possuía bens imóveis. A revolta e tudo o que veio depois destruíram suas formas habituais de sustento. Com a decadência econômica, os proprietários de terra, como a Igreja e os nobres, foram os únicos a sair fortalecidos.

Os judeus passam então a procurar novas atividades. Sua principal ocupação torna-se a fabricação e a distribuição de bebidas alcoólicas, de que receberam monopólio. Nessa atividade – por sinal, a principal "indústria" polonesa no período –, encontravam-se desde empresas maiores até tavernas que produziam apenas para consumo local.

Por outro lado, aqueles que se tinham mantido ou voltado a exercer função de cobradores de taxas da nobreza continuaram a ser odiados por artesãos e camponeses e até mesmo pelos próprios judeus, igualmente explorados. E, como o povo como um todo empobrece e a *keilá* não é mais o marco físico da população judaica, a interiorização da comunidade afeta a estrutura grupal: a participação em atividades e decisões coletivas vai-se tornando cada vez mais privilégio de poucos.

Mais do que nunca, a partir de fins do século XVII e início do XVIII, os judeus passam a exercer uma gama maior de atividades. Serão curandeiros e artesãos, pequenos comerciantes e músicos: em toda aldeia há um conjunto musical judeu, em que o violino e a flauta não podem faltar. Linguagem universal que é, a música desempenhava ainda significativo papel nos contatos intergrupais. É bom lembrar que, proibidos de reproduzir figuras humanas por temor à idolatria, os judeus não se dedicavam à pintura ou à escultura nesse período.[21]

As diferenças sociais, que eram disfarçadas pelas medidas compensatórias estabelecidas pela *keilá*, se tornam mais agudas. A luta pela sobrevivência limita o acesso ao *heder* e elitiza mais ainda a *ieshivá*. Recebendo menos apoio do rei, os judeus passam a ser vítimas mais frequentes de perseguições. As mais incríveis histórias de assassinato ritual e de bruxaria eram atribuídas pela Igreja aos judeus, servindo de pretexto para o ódio popular.

A comunidade judaica fica desguarnecida. Como os grandes proprietários de terra – Igreja e nobreza – não necessitam mais do trabalho específico realizado pelos judeus, mais uma vez o camponês é incitado a agredir o "povo deicida". A nobreza não tem mais por que defendê-lo e a circulação de mercadorias pode abrir mão de seu concurso.

O judeu do século XVIII se transforma num verdadeiro *luftmentch*, homem que vive do nada, homem feito de ar.

Tendo perdido sua principal função na sociedade polonesa, procurando apenas sobreviver num equilíbrio precário, os judeus vão se ensimesmando como grupo, vestindo-se de forma diferente – roupas escuras, capote longo, como lembrança dos massacres –, falando de forma diferente – o iídiche trazido da Alemanha, grafado com letras do alfabeto hebraico, levemente eslavizado –, concentrando-se fisicamente numa área determinada. É exatamente aí que se desenvolve uma cultura judaica obviamente contraditória, temerosa e autossuficiente, mas orgulhosa de sua história, real ou imaginada. Afinal, o que poderia haver, concretamente, em comum entre o mascate polonês de então e o camponês hebreu da época de Davi? Aparentemente nada. Mas havia.

Entre 1772 e 1795, a Rússia, a Áustria e a Prússia se encarregaram de eliminar a Polônia do mapa europeu. Dessa forma, o Império moscovita, que se tinha recusado, até então, a autorizar a entrada de judeus em seu território, "herda" alguns milhões deles.

A contradição da política russa com relação aos judeus está diretamente ligada às modificações ocorridas em suas estruturas, tanto a econômica quanto a social. É necessário compreender o desenvolvimento do capitalismo na Rússia para que se entenda o que ocorre com os judeus de lá.

Por outro lado, uma pequena parte da população judaica iniciará um movimento em direção à Europa Ocidental, onde o capitalismo já se instalara e estava bastante amadurecido. Esses judeus se tornarão "europeus" e irão distanciar-se rapidamente dos russos e poloneses.

É fascinante observar como novas concepções sobre a identidade judaica vão aparecendo para explicar esses movimentos, tanto o de interiorização e empobrecimento da população na Polônia e o empobrecimento da comunidade quanto o dos "europeus", que tinham uma tendência assimilatória que os afastou, inicialmente, mas que iria aproximá-los de seus irmãos menos aquinhoados pela sorte. Para compreender as teorias e ideologias engendradas no processo de readaptação dos judeus, é fundamental considerar algumas mudanças que, embora ocorridas no seio do chamado "mundo judeu", precisam ser entendidas junto aos processos mais gerais da História. Comecemos pelo messianismo e pelo hassidismo.

Notas

[1] Carlos Marx, *El Capital,* Livro III, séc. V, cap. XXXVI, p. 559.
[2] Consulte-se a longa lista de profissões exercidas por judeus em Salo Baron, *A social and religious history of the Jews,* vol. XII.
[3] Vide Abraham León, *La Conception matérialiste de la Question Juive,* p. 68; e Carlos Marx, *El Capital*, Livro III, séc. IV, cap. XX, p. 319-320.
[4] Carlos Marx, *El Capital,* Livro III, séc. V, cap. XXXVI, p. 555.
[5] Salo Baron, *A social and religious history of the Jews,* vol. XII, p. 132.
[6] Abraham León, *La Conception matérialiste de la Question Juive,* p. 78.
[7] Não é objetivo deste trabalho entrar na discussão detalhada a respeito da passagem do feudalismo para o capitalismo. A respeito, vide Paul Sweezy *et al., Do feudalismo ao capitalismo.*
[8] Werner Sombart, *The Jews and modern capitalism,* p. 274.
[9] *Idem,* p. 191.

NOS POROS DA PRODUÇÃO

[10] Vide Abraham León, *La Conception matérialiste de la Question Juive*, p. 101.

[11] A referência é a autores que, ingenuamente, consideram todas as manifestações antijudaicas anteriores ao século XIX como atitudes de antissemitismo religioso. Vide, por exemplo, Hanna Arendt, *Origens do totalitarismo: o antissemitismo, instrumento de poder*, p. 27.

[12] Vide Leon Poliakov, *Histoire de l'antesémitisme: du Christ aux Juifs de Cour*, p. 82-83.

[13] Os cazaros constituíram um reino de razoável expressão na região do Cáucaso entre os mares Cáspio e Negro. Talvez por influência dos judeus persas, talvez por razões de estratégia política, em 740 a casa real cazara converteu-se ao judaísmo. Em 969, Itil, capital da Cazária, foi destruída pelos russos, com a consequente dispersão do povo. Alguns autores consideram que parte da população, de fé judaica, chegou até a Polônia. A propósito, veja-se interessante trabalho de D. M. Dunlop, *The History of the Jewish Khazars*.

[14] Marcos Margulies, *Evolução dos contatos intergrupais na Europa da Idade Média através do relacionamento entre judeus e russos*, p. 282.

[15] I. Halpern, "The Jews in eastern Europe", *in* Finkelstein, *The Jews, their history*, p. 323.

[16] Roger Portal, *Os eslavos: povos e nações*, p. 225.

[17] Citado por Marcos Margulies, *Op. cit.*, p. 327.

[18] Vide S. Dubnow, *History of the Jews in Russia and Poland*; e B. D. Weinryb, *The Jews of Poland*, *passim*.

[19] As invasões e a reação "patriótica" dos poloneses têm sido tema de diversos filmes. Veja, por exemplo, *O Dilúvio*, de Andrej Wajda, representante do chamado "novíssimo cinema polonês", com tendências a um extremo nacionalismo. Uma boa síntese histórica pode ser encontrada em *The Cambridge history of Poland*, editado por W. F. Reddaway *et al*.

[20] B. D. Weinryb preocupa-se em questionar os números, geralmente apresentados como definitivos, relativamente aos mortos durante o "dilúvio". Afirma que há muito exagero a respeito dos judeus mortos. "Numa verificação de fontes judaicas poderíamos chegar à cifra espantosa de 2.400.000 a 3.300.000 vidas perdidas numa população que deveria estar entre 170.000 e 480.000 habitantes em 1648." Bernard D. Weinryb, *Op cit.*, p. 19-55. Uma tradicionalista visão clássica do problema pode ser encontrada em S. M. Dubnow, *Op cit.*, p. 18-20.

[21] A proibição se origina do temor de se dar uma forma à figura divina, o que poderia levar à idolatria. Só bem mais tarde e fora do espaço físico e mental do *shtetl* é que surgiriam os grandes artistas plásticos judeus, como Chagall, que, por sinal, dedicou-se grandemente a retratar o mundo da gente miúda.

Movimentos pré-políticos

*Disse o Rabi Levi Itzhak:
— Invejo o Faraó. Que glorificação ao nome de Deus nasceu de sua teimosia.*

Martin Buber

A palavra "messias" vem do hebraico *mashiah*. A tradução literal é "ungido", "consagrado", e nesse sentido foi e continua sendo usada. Mas, por extensão, aparece, já na Bíblia, como "redentor" e "salvador do povo de Israel" e através deste, "de toda a humanidade".[1] O fato de o judaísmo ter sido – apesar de algumas aberturas em determinados períodos –[2] uma religião nacional provocou o desenvolvimento de um sentimento messiânico como contraponto aos problemas da opressão sofrida pelos próprios judeus. A idealização de um passado feliz[3] e a espera de uma solução supranatural para as humilhações presentes desenvolveram com tanta intensidade o sentimento messiânico entre os judeus que muitos chegam a identificar no judaísmo a raiz ou a exclusividade desses sentimentos.

Nos textos bíblicos,[4] o messias judaico aparece, frequentemente, como uma curiosa síntese entre a salvação vinda "de fora" e a engendrada pelo devir histórico, entre a solução *dentro* e *fora* da história. Por vezes, o elemento messiânico é anunciado como decorrente do processo histórico, algo provocado pela ação dos homens: acreditava-se que o rei da casa de Davi deveria propiciar o retorno às glórias (evidentemente hipertrofiadas) de quando Israel era uma potência respeitada, seu povo feliz e o Templo, palco da aliança com Deus.

Naquele período – estamos falando ainda sobre a Antiguidade –, o messianismo reflete a ideologia monárquica, é parte do pacto entre Deus e "Seu Povo". Assim, a própria esperança messiânica estava ligada a um tipo bem determinado de estrutura de poder, cuidadosamente exaltado, a despeito das severas críticas da ala "radical" dos profetas.[5] Ligados à *monarquia,* como símbolo de solução dos problemas, figuravam o Templo de Jerusalém e seus sacerdotes, que funcionavam como instrumentos de poder monárquico.

Algumas correntes relacionadas ao profetismo tentavam ainda tratar o messianismo de forma mais abrangente e universal, algo como visão e solução cósmica. Mas, no geral, a impressão que fica é a de que os anseios pelo final das invasões e humilhações tinham, na Antiguidade, um caráter de restauração nacional. *Porque pensava numa forma de poder, pensava nos locais de onde esse poder era exercido,* razão pela qual o caráter "sionista" (de Sion, colina de Jerusalém) do messianismo ter sido frequentemente utilizado para tentar provar a chamada "ligação povo-terra".[6]

O argumento é falacioso. O messias da restauração nacional respondeu ideologicamente a um momento da história judaica em que, no nível da consciência de alguns grupos, poder político, religião, templo e nação eram aspectos de um todo – não se concebendo "soluções parciais".

Entretanto, as "soluções parciais", embora menos divulgadas, aparecem com frequência e vigor. Sabemos hoje que algumas

MOVIMENTOS PRÉ-POLÍTICOS

correntes religiosas (os essênios, por exemplo) desvinculadas da estrutura de poder caracterizada pelo eixo sacerdócio-monarquia já *concebiam o messias de forma mais ampla, menos de retorno à glória nacional do que da celebração da paz mundial.* Embora a corrente preponderante, em termos de judaísmo, tenha sido a farisaica e rabínica, com suas concepções de restauração étnico-nacional, as alterações nas formas de existência das comunidades judaicas espalhadas pelo mundo, a inexistência do Templo e de seus funcionários, assim como a desaparição da chamada "Casa de Davi" iriam provocar profundas alterações na concepção messiânica do povo.

Provavelmente a última manifestação com grande influência messiânica na Antiguidade tenha sido a Revolta de Bar Kochba. O "Filho da Estrela" levanta-se contra o poder romano com armas na mão e tem seus direitos legitimados por um erudito, Rabi Akiba, que garante ser aquele guerreiro "o eleito". A derrota e a dura repressão jogam uma pá de cal sobre uma visão mais gradativa, restauradora e nacional do messias, cuja vinda passa a ser aguardada em termos mais catastróficos, utópicos e universais.

"A monarquia", "o Templo", "Jerusalém" vão se distanciando do caráter quase material que tinham tido durante séculos e passam a representar para os judeus perseguidos e humilhados, espalhados pelo mundo, noções abstratas sem maiores vinculações com a terra de Israel enquanto centro de poder político e território de residência.

O Templo é idealizado, não possui mais os sacerdotes que funcionavam como instrumento de dominação da monarquia; a língua (hebraico) é sacralizada, deixa de ser uma forma de comunicação comum entre os judeus; a cultura é diluída, não pode resistir às novas realidades. Apesar das constantes referências ao Templo e a Jerusalém nas orações, a alteração nas formas de existência judaica elabora (ou reelabora) um *messianismo que transforma* Israel *em palco do período pós-histórico, porque escatológico, local fictício de uma existência outorgada pelo messias e não território material conseguido através de lutas.*

OS JUDEUS

No geral, pode-se afirmar que os movimentos messiânicos visam a escapar às condições contemporâneas da sociedade, seja através do retorno a uma época dourada no passado, seja marchando em direção a uma era paradisíaca de paz, justiça e prosperidade, no futuro.[7] *O messianismo judaico marchou do passado para o futuro, da idealização da monarquia para a exaltação de um mundo harmônico e justo.*

Os movimentos messiânicos só podem ser explicados a partir de duas variáveis, uma externa e outra interna; enquanto a primeira faz referência à situação concreta vivida por judeus em diferentes momentos da História, a crença messiânica permanecia subjacente, latente durante séculos, para aflorar quando as condições objetivas assim o determinavam.

A "vinda do messias" não era uma simples elaboração intelectual, mas uma virtualidade capaz de interferir no cotidiano das pessoas. Como exemplo, basta lembrar a crença segundo a qual no ventre de cada mãe judia poderia ser plantada a semente do messias. Essa potencialidade parecia tão real que provocou, entre as jovens, verdadeiro pavor da esterilidade. É quando a sociedade toma para si a responsabilidade de resolver o problema do casamento daquelas que, menos dotadas física ou materialmente, tivessem ultrapassado o limite de idade aceito sem serem escolhidas. De uma forma ou de outra, a figura do messias foi popular entre os judeus durante quase todos os séculos da Diáspora. Na verdade, até antes.

Na época da dominação romana, houve verdadeira inflação de alegados messias, e a historiografia judaica mostra a figura do próprio Jesus Cristo como a de "mais um falso messias" numa época de crise para o povo.[8] Outros foram surgindo em momentos posteriores. Em 448, em Creta, apareceu um que garantiu ser Moisés, instando os judeus a que, numa data determinada, se lançassem ao mar que se abriria à sua passagem. Muitos morreram afogados.

Por volta de 645, conta a Crônica Nestoriana:[9] um judeu afirmou que o messias havia chegado, juntou quatrocentos homens, incendiou

52

MOVIMENTOS PRÉ-POLÍTICOS

três santuários cristãos e matou o chefe da localidade. Acabou crucificado, depois de ver todos seus seguidores e familiares massacrados. Há referências a outras empreitadas messiânicas na Espanha muçulmana nos séculos VIII e IX. Convém lembrar que, entre os cristãos, movimentos como esses também vinham aparecendo no mesmo período.

Com as cruzadas, novas modalidades de movimentos messiânicos surgem. Na maioria das vezes, os autoproclamados messias tinham sua iniciativa abortada no interior do próprio grupo comunitário que se encarregava de aconselhar, ou mesmo excomungar, o pretenso salvador. Temos relatos de manifestações em 1060 na Espanha, 1120 em Bagdá, 1127 em Fez, no Marrocos, 1096 em Salônica. No século XII ocorreu um importante movimento liderado por Davi Alroy, nas províncias orientais do Império Muçulmano.

Notável foi o aparecimento de um messias no Iêmen em 1172, menos pelas suas atitudes, do que pela reação do grande filósofo judeu Maimônides, contra ele.

> Ele lhes disse que cada homem deve distribuir todo o seu dinheiro, dando-o aos pobres. Todos aqueles que lhe obedecerem são tolos e ele é um pecador, por causa de seus atos contra a *Torá*. De acordo com a *Torá*, um homem deve dar como caridade apenas parte do seu dinheiro e não todo ele. Não há dúvida de que seu coração e sua mente, após terem-no desencaminhado para que afirmasse ser um Messias, levaram-no a dizer ao povo para abandonar todo o seu patrimônio e dá-lo aos pobres. Dessa forma os pobres ficariam ricos e os ricos pobres, o que faria com que os novos ricos tivessem que dar aos novos pobres as propriedades recém-recebidas de volta. Assim, o dinheiro iria e voltaria entre pobres e ricos, incessantemente.[10]

Esse messias iemenita, capaz de levantar a ira de Maimônides, escondeu-se nas montanhas quando perseguido e provocou sua própria morte ao estimular seu captor árabe a feri-lo na cabeça ao tentar provar seus poderes de ressureição.

53

De 1240 a 1291, aproximadamente, viveu Abraão Abulafia, que, em meio a estudos cabalísticos, tinha visões proféticas tão confusas que levaram muitos de seus discípulos a aceitarem o batismo cristão. Em 1280, instado por uma "voz interna", partiu para Roma disposto a solicitar ao papa Nicolau III um fim para o sofrimento do povo judeu. Acabou condenado à morte e só se salvou porque o pontífice morreu antes da data marcada para a execução de sua sentença. Seu "messianismo consentido" revela bem as contradições de um pensador que buscava uma solução de compromisso entre sua visão mística e os problemas pelos quais grupos judaicos passavam.

A Queda de Constantinopla em 1453 – como, de resto, todo fator de turbulência política e de aparente instabilidade social – estimulou esperanças messiânicas tanto entre os judeus *ashkenazim* como entre os espanhóis. Para estes, o endurecimento da posição cristã contra os judeus e conversos (marranos) só poderia representar o apressamento da vinda do Messias: que outro sinal mais óbvio que o sofrimento?

Já no século XVI surge a incrível figura de Davi Reuveni, que conseguiu agitar os judeus da Itália e da península ibérica, propôs aliança antiturca ao papa Clemente VII, recebeu apoio de banqueiros judeus, foi recebido como embaixador por João III de Portugal (entre 1525-7), apesar de se apresentar apenas como chefe militar. Reuveni teve grande influência na reconversão ao judaísmo do marrano Diego Pires, o Salomão Molcho. Este logo se convenceu de ser realmente o messias, o que deve ser atribuído também a certos episódios fantásticos de sua vida. Condenado à morte pela Inquisição por "judaizar", já com a execução determinada, conseguiu, pela intervenção pessoal do papa, que outro homem fosse queimado em seu lugar. Pensador criativo e personalidade inquieta, Molcho acabaria sendo morto por ordem do imperador Carlos V, mas sua influência ultrapassou o período de sua vida. O próprio sabatianismo foi por ele afetado.

MOVIMENTOS PRÉ-POLÍTICOS

Outro momento de inquietação e efervescência espiritual, portanto favorável ao surgimento de ideias messiânicas, foi o que sucedeu a expulsão dos judeus da Espanha em 1492. Apontado por cálculos cabalísticos como o Ano da Redenção, não foi difícil à Cabala transformá-lo em catástrofe necessária à própria redenção.

"A consciência de que a Redenção significava tanto libertação quanto catástrofe impregnou o novo movimento religioso", como lembrou G. Sholem.[11]

Os estudos se voltavam para os estágios finais do processo cosmológico; a escatologia e o messianismo invadiram o mundo de pensamentos dos cabalistas.

Dessa forma, um fenômeno político ocorrido na Espanha – a expulsão dos judeus – vai atingir outras comunidades judaicas, através do desdobramento das formas ideológicas engendradas em núcleos aparentemente esotéricos: os estudos cabalísticos. A sensação da repetição da história, a grande catástrofe, o apocalipse levam à aparição de messias surgidos pela incompatibilidade entre o nível de expectativa de um grupo social e as condições objetivas que encontra.

Mas o autêntico "falso messias" (por mais paradoxal que seja a formulação) foi Shabetai Tzvi, que abalou o mundo judaico de forma indelével, impregnando de tragédia sagrada a expectativa de populações inteiras. Sua formação e seu mundo real são fundamentais para percebermos os desdobramentos de sua ação.

SHABETAI TZVI

Grupo social "tampão", funcionando entre aristocratas poloneses e camponeses ucranianos, os judeus haviam alcançado, no século XVI e primeira metade do XVII, na Polônia, importância ímpar.[12]

Entretanto, como mostrei, a revolta dos cossacos liderados por Chmelnicki em 1648 vai, num primeiro momento, destruir

55

fisicamente dezenas de milhares de judeus; depois, pela dizimação dos valores mobiliários que constituíam a riqueza judaica, provoca seu endividamento e sua substituição nos importantes papéis que vinham desempenhando até então.

As dificuldades de ordem econômica acabam se refletindo na estrutura comunitária que vai se desagregando, perdendo até seu esquema de "administração central". Por outro lado, novas atividades vão surgindo, os judeus passam a sobreviver como músicos, donos de albergues, artesãos, vendedores ambulantes ou simplesmente desempregados crônicos em busca de um expediente ocasional, um "bico" para garantir sua sobrevivência por mais um dia.

Esses aspectos já foram tratados no capítulo anterior. O que interessa agora é mostrar que todas essas dificuldades econômicas e de organização comunitária levam também a um empobrecimento cultural, porque vão impedir o estudo do *Talmude* por parte da maioria da população judaica. Com exceção de uma minoria letrada, os judeus tentam legitimar sua crença obscurantista e mágica através de uma Cabala mal digerida ou simplesmente utilizada como referência, embora, de fato, desconhecida.

O *Talmude*, que exigia paciente trabalho de compreensão e análise, na medida em que se pretendia uma leitura racional da codificação mosaica, tornava-se materialmente inacessível e poucos eram os exegetas que a ele tinham acesso. O mundo mágico em que viviam tornava as populações mais e mais propensas às fórmulas supranaturais, inclusive as de caráter messiânico, que, como vimos, não haviam desaparecido do judaísmo em momento algum. Frustrada sua estrutura organizacional, afetada de forma substancial sua condição de existência, diminuída sua possibilidade de desenvolver a pesquisa talmúdica, a comunidade judaica reelabora o messianismo e busca nele uma solução para a dramática situação em que se encontra. *Era o messianismo via Cabala*.

É nesse contexto que aparece Shabetai Tzvi.

MOVIMENTOS PRÉ-POLÍTICOS

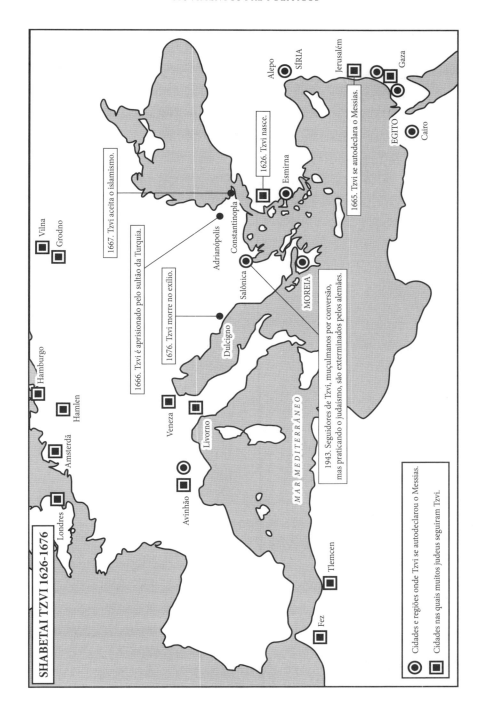

57

OS JUDEUS

Nascido em Esmirna, na atual Turquia, em 1626, Tzvi é oriundo de uma família de comerciantes, tendo, muito jovem, aprendido o *Talmude* e a Cabala (o que, segundo seus críticos, bem posteriores, lhe havia afetado o equilíbrio mental de forma irrecuperável). Exatamente no ano de 1648, ousa, em plena sinagoga de sua cidade natal, pronunciar integralmente o nome de Deus em vez de escamoteá-lo ou trocar alguma consoante, como todos os judeus faziam, com exceção do Sumo Sacerdote, no antigo Templo de Jerusalém. (A proibição refere-se ao mandamento que veta invocar o santo nome de Deus em vão. É um hábito ainda praticado por judeus muito ortodoxos.)

O gesto, incrível para todos, só poderia ter duas explicações: 1) sinal de que Tzvi era ímpio ou louco; 2) aviso da proximidade da restauração do Templo. Inicialmente, os rabinos optaram pela primeira hipótese, expulsando Tzvi da comunidade, o que o levou a vagar pelo Império Turco. Carismático, vamos encontrá-lo em Constantinopla, em Salônica, no Cairo, pregando e formando uma legião de adeptos.

O impacto do "dilúvio" na Polônia (1648) após uma longa era de paz e prosperidade, chamada de "a época de ouro", gerou um clima de instabilidade e insegurança em diversas judiarias. De origem ibérica,[13] a maior parte da população judaica no Império Turco tinha presente, e sempre renovada na memória, as humilhações e expulsões ocorridas século e meio antes (em 1492 os Reis Católicos expulsaram todos os judeus do território espanhol); outra parte se constituía de remanescentes de um período de glória que tinha gerado uma figura como Maimônides, o Rambam dos judeus (Rav Moshe Ben Maimon), misto de médico, filósofo e exegeta. Agora, a destruição da estrutura judaica também na Polônia representava, para eles, a impossibilidade do desenvolvimento normal do judaísmo fora da terra de origem.

É importante verificar que, após o "dilúvio", passou a haver uma migração de judeus poloneses para o Império Otomano, o que serviu para dramatizar mais a tragédia lá ocorrida, com os relatos vivos do que se passava no judaísmo polonês.

MOVIMENTOS PRÉ-POLÍTICOS

Não por acaso, a receptividade ao novo suposto messias no mundo eslavo foi a melhor possível. Foi imediata. À simples notícia da aparição de um salvador, inúmeros grupos se juntaram dispostos a segui-lo. As interpretações previam a vinda de um messias para essa época, além de que os sinais (agora incorporados à tradição messiânica judaica – bem diferente da expectativa bíblica do rei/vingador) tinham aparecido. E de que forma!

Não tinha ocorrido tremenda tragédia com os judeus? Dezenas de milhares não tinham sofrido dores sem nome, torturas cruéis, depurando o povo de seus erros e preparando a vinda do Salvador? A ruína e a desagregação da comunidade não eram sintomas da proximidade da solução messiânica?

Além de tudo, Shabetai Tzvi, ele mesmo pregador pouco original e exegeta medíocre, pleno de dúvidas sobre sua própria importância e papel a desempenhar (fato raro e talvez inédito em matéria de líderes messiânicos), vai encontrar na Palestina seu profeta e apóstolo, Natã de Gaza, que confirma o caráter messiânico de Tzvi e se encarrega de estimulá-lo e conduzi-lo a ações mais e mais ousadas.

Quando o "novo Messias" retorna a Esmirna, em 1665, vem anunciado como aquele que tiraria do sultão a coroa e conduziria todos os judeus a Jerusalém. E não se tratava mais de uma eventual autoatribuição messiânica de um homem de constituição maníaco-depressiva,[14] mas de um messias reconhecido por ninguém menos do que Natã de Gaza, figura respeitada por todos os judeus.

Realmente, messias para si mesmos é que não faltavam naqueles tempos. Na Polônia, eles surgiam como cogumelos, dispostos a comprovar a profecia como o cabalismo a interpretava. Por que então, no meio de tantos salvadores no próprio centro da tragédia judaica, um maníaco-depressivo de Esmirna transforma-se na figura mais significativa? Temos que aceitar, pelo menos até que surja outra melhor, a explicação de Guershom Scholem e ligar Tzvi a Natã de Gaza.

Embora ainda muito jovem, Natã (1644-1680) era considerado um iluminado, homem capaz de compreender os segredos da alma humana e de revelar as soluções para os problemas por ela causados. Esgotado pela doença, indeciso quanto às verdades que pretendia alcançar, Tzvi procurou Natã em Gaza, não como messias ou visando a algum acordo, mas em busca de paz para a alma. Ele, Natã, que acabara de ter uma revelação relativa à chegada do Messias, dissipou suas próprias dúvidas e as de Tzvi e o convenceu a se proclamar o Messias, após visita de ambos aos lugares sagrados.

Até então, a vida de Tzvi tinha caminhado longe da celebridade. Após ter pronunciado o nome de Deus, ter sido tolerado durante alguns anos e, finalmente, banido de Esmirna, perambulara pela Turquia e pela Pérsia, provocando antes pena do que admiração com suas atitudes contraditórias e agressivas justificadas pela Cabala e desprezadas pelos rabinos. Scholem afirma que, até 1665, Tzvi tinha, em torno de si, curiosos. Depois dessa data, adeptos.

Em 3 de maio de 1665, Tzvi se proclama o Messias em Gaza, já cônscio de sua legitimidade, e grandes festividades coroam a notícia. No mês seguinte, chega a Jerusalém, em torno da qual dá sete voltas a cavalo, já apoiado por vários rabinos e à revelia de outros que, a todo custo, queriam expulsá-lo da cidade.

Mas o processo já se havia desencadeado. Notícias mais que deformadas chegavam a todas as comunidades: para uns, era um líder militar que estava conquistando Meca; para outros, o objetivo era a Pérsia; para terceiros, havia que se estabelecer um jejum coletivo. Enfim, o judaísmo fervilhava.

Natã colocou lenha na fogueira: confirmou Tzvi como o maior Messias da história e ameaçou aqueles que porventura questionassem isso. Previu que o Messias arrebataria a coroa turca sem guerra, fazendo do sultão simples servo; traria de volta as tribos perdidas[15] e provocaria a redenção de Israel após um período de atribulações.

Tzvi volta então para Esmirna, onde, por meio de pregações agressivas e quebras contínuas de rituais, compromete-se a arrebatar a coroa turca, fixando a data para a "redenção judaica" em 18 de junho de 1666. Ao mesmo tempo, comunica aos líderes religiosos de Constantinopla suas intenções.

O estado de excitação do povo era grande: os rabinos que ousavam opor-se às alterações rituais por ele determinadas eram marginalizados e tinham mesmo que fugir para não arriscar a vida. As referências a Shabetai Tzvi como Messias foram instituídas nas rezas, de início em Esmirna e depois em cidades cada vez mais distantes dela. Homens e mulheres, em estado de êxtase, louvavam o Messias em meio a citações bíblicas. "Profetas" surgiram às dezenas, tendo visões de Tzvi no trono turco ou simplesmente balbuciando frases desconexas. Pessoas dançavam e cantavam nas ruas, esquecidas de seus afazeres.

Tzvi partiu para Constantinopla. O movimento já era tão poderoso que as autoridades turcas, temendo uma mobilização popular incontrolável, determinaram-lhe a prisão, no início de fevereiro. Não houve, porém, o cessar do movimento conhecido como sabatianismo. Poemas em homenagem a Tzvi eram compostos no Iêmen, no Curdistão, na Turquia, em Veneza, em Amsterdã e em muitos outros lugares. Delegações de toda a Europa vinham visitar o Messias. Nas ruas de Vilna, Lublin e Pinsk, o governo proibiu a continuação de procissões com reproduções de Tzvi em destaque. Na Polônia, ao contrário de outras partes do mundo, não se registrou oposição de líderes judaicos ou rabinos ao sabatianismo.

Não tendo interesse em, simplesmente, executá-lo, para evitar o aparecimento de um mártir, o sultão Maomé IV apresentou a Tzvi duas opções: a morte ou a conversão. Consta que, convencido pelo médico real Mustafá Hayatizadé, ele próprio convertido, Tzvi tomou sua resolução e, a partir de 15 de setembro de 1666, passou a se chamar Aziz Mehmed Effendi. Essa atitude insólita – um messias apóstata – congelou o movimento. A excitação transformou-se em temor e, num primeiro momento, parecia que tudo tinha acabado.

Mas o mito messiânico ainda era importante demais para que as atitudes de Shabetai Tzvi pudessem colocar-lhe um fim. Natã de Gaza voltou à ativa, encontrou-se com o Messias convertido e divulgou suas conclusões: Tzvi continuava o Messias e sua humilhação era parte da depuração para que o Advento da "era da perfeição" pudesse se consumar antes. O incrível não é apenas a argumentação insólita, mas o fato de grupos sabatianistas continuarem a formar-se, embora não da forma clara como ocorrera nos anos anteriores. No universo mitológico, quando a história não se manifesta da maneira esperada, pior para ela. O mito a incorpora, num outro nível de realidade.

A biografia de Tzvi terminaria logo: até 1672 teve uma espécie de dupla lealdade, ora reincidindo no judaísmo, ora exteriorizando uma adesão completa ao islamismo. Nessa data, volta a ser preso e é exilado para um vilarejo albanês onde morre em 17 de setembro de 1676.

A sobrevivência do sabatianismo revela, talvez, nítida defasagem de caráter cíclico, mas que passa a ampliar-se cada vez mais no judaísmo: o distanciamento entre a esfera histórica de explicação e a racionalização ideológica de caráter mágico. A despeito de todo o acontecido e negando frontalmente as evidências, uma corrente nada desprezível manteve-se fiel ao Messias e às suas pregações. É bem verdade que o sabatianismo nunca fez parte da corrente oficial do judaísmo – pelo contrário, transformou-se em heresia –, mas suas implicações seriam incorporadas no hassidismo e em outros setores religiosos.

O Messias que promete a redenção e que falha, quando dele tudo se espera, levou parte do judaísmo a descrer no histórico e a voltar-se para o mágico. A aposta na Salvação, diziam os crentes, seria uma redenção pessoal e só se manifestaria para os que a procurassem com os olhos da fé.

MOVIMENTOS PRÉ-POLÍTICOS

O messianismo judaico parece que se esgota aí, pelo menos durante algum tempo. Não a crença messiânica, como elemento subjacente à cultura reproduzida, mas o movimento messiânico como a ideia posta em ação. Se a redenção não pode ser buscada no concreto, por estar ao alcance apenas através de abstrações ligadas à fé, muitos judeus iriam em busca dela por esse caminho. Se o sabatianismo representou ato de protesto contra o judaísmo ortodoxo e desempenhou papel anárquico com relação à estrutura de poder religioso, outra indicação era fornecida aos crentes.

Se Jerusalém não é aquela de pedras, mas apenas esta, de sonhos; se o Templo não é aquele dos sacerdotes poderosos e dos sacrifícios, mas este que apenas mitifica um passado heroico; se a solução das dificuldades da vida não está no retorno real a uma terra feliz, embora inacessível, mas na alegria com Deus, a cada instante da vida – a saída pode estar numa reforma no próprio modo de crer, na manifestação da fé: o judaísmo, na percepção de alguns, precisava de menos sabedoria e mais sentimento.

O caminho para o hassidismo estava aberto.

O HASSIDISMO, UMA IDEOLOGIA DO OPRIMIDO

O hassidismo tem sido dos mais estudados dentre os movimentos religiosos judaicos. Especialistas em religião e historiadores relevantes têm dedicado muitas páginas para analisar seu surgimento e duração, assim como sua permanência, ao mesmo tempo *dentro* e *à margem* da comunidade organizada.

Fica mais fácil entendê-lo se o situarmos em seu local e tempo, a Polônia no século XVIII: o fato de o país estar dividido devido a lutas internas, desorganizado em termos administrativos e instável, política e economicamente, fez com que houvesse uma deterioração das comunidades judaicas lá instaladas. Intermediário ou artesão, a

OS JUDEUS

instabilidade afetou diretamente o judeu que, não estando diretamente ligado à terra – como produtor ou proprietário –, teve que se adaptar à nova situação, à custa de dedicação cada vez maior a expedientes que pudessem assegurar a manutenção da família. Assim, o trabalho tornou-se cada vez mais árduo, o tempo dedicado aos afazeres rentáveis aumentou muito, o estudo, mesmo elementar, da *Torá* ficava agora em plano secundário, quando ocorria.

O estudo havia desempenhado um papel que não pode ser minimizado: dentro do estreito mundo material e espiritual em que viviam os judeus, o conhecimento da lei religiosa era fator de união, na medida em que era percebido como algo pairando acima da situação de cada um, fortalecendo a coesão e permitindo que todos imaginassem terem direitos semelhantes, ao menos diante de Deus. Entretanto, para se chegar a uma participação efetiva, era necessário estudar muito, já que só assim se poderia atingir o nível de conhecimento adequado para se compreender as determinações de Deus. Para tanto, todos os homens faziam o estudo elementar e uns poucos bem-dotados (intelectual ou financeiramente) atingiam estudos superiores.

A situação da Polônia no século XVIII (incluindo os judeus) havia piorado a ponto de criar desagregação e pobreza excepcionais. Assim, o acesso ao conhecimento ficou limitado a uma estreita faixa de "eleitos" que acabaram distanciando-se da massa judaica, vivendo em sua "torre de marfim". No processo de distanciamento e alienação, a participação popular na religião diminuiu e o formalismo e até o ritualismo foram se acentuando, uma vez que o diálogo e a participação do povo não mais ocorriam.

É um período em que a pobreza material não é compensada pela sensação de riqueza espiritual, como havia ocorrido até então. As pessoas passaram a se sentir desvalorizadas, e de fato tinham mesmo menos valor, seja diante da sociedade ampla, polonesa, na qual seu trabalho deixou de ter importância, seja diante do mundo judaico, já que não tinham como se preparar para o necessário diálogo com Deus, que exigia leituras, conhecimento, não apenas orações decoradas. Não aceitos pela sociedade ampla por serem judeus, sentiam-se sem função até na própria sociedade judaica, por serem pobres e não poderem estudar o mínimo para se autodeclararem bons judeus.

Incapazes de alcançar a erudição, que tanto era valorizada como forma de aproximação a Deus, grande número de judeus passou a aceitar a emoção esvaziada do conhecimento como instrumento válido de se chegar até Ele. É quando os rabinos são trocados pelos rabis, que se propunham a fazer a ponte entre os desígnios divinos e os crentes. De certa forma, *o hassidismo, emocional e pouco racional, ao não exigir estudo e saber, provocou a reintegração dos marginalizados.* Há até quem considere que, ao legitimar e fortalecer esse judaísmo, o movimento formulou uma crítica à sociedade que havia engendrado a situação em que os judeus viviam. Talvez haja certo exagero nisso, mas negar o apelo social do hassidismo é tentar esvaziá-lo de um aspecto muito significativo que carrega.

Vale a pena tentar compreendê-lo.

O movimento hassídico inicia-se com Rabi Israel Baal Shem Tov, também conhecido como Baal Shem ou, simplesmente, *Becht*,[16] nascido na Podólia, em cerca de 1700. Sua biografia confunde-se com a lenda, mas há um documento[17] em que ele revela a um cunhado, na Palestina, uma experiência mística que tivera: com Deus, no Paraíso, pergunta quando é que o Messias baixaria à Terra. "Quando teus rios se espalharem", teria respondido o Senhor, o que foi interpretado na tradição como sendo quando os ensinamentos do *Becht* estivessem difundidos entre o povo.

E esses ensinamentos não visavam a encontrar novas interpretações da *Torá*, mas ensinar sua aplicação. E a comunhão conseguida pelos homens com Deus supera a sua própria expectativa. Diz uma lenda que na festa de Shimhat Torá, divertiam-se os discípulos na casa do Baal Schem; dançavam e bebiam, e faziam subir sempre mais vinho da adega. Depois de algumas horas, a mulher foi procurar o Baal Schem em seu quarto e disse-lhe: "– Se não pararem de beber, logo não mais sobrará vinho para a sagração do Shabat". Rindo, ele respondeu: "– Dizes bem. Vai ter com eles, e manda-os parar". Ao abrir a porta da sala grande, ela viu os discípulos dançando em roda, e em volta do círculo serpenteava, chamejante, um anel de fogo azulado. Então ela mesma tomou de um jarro na mão direita, de outro na esquerda e, afastando a criada, desceu à adega, voltando depressa com os jarros cheios.[18]

Esse panteísmo e essa presença de Deus na alegria dos homens na Terra estão presentes nos ensinamentos hassídicos, acentuando-lhes o caráter anti-intelectual. O milagre era outro componente fundamental e atingia os próprios animais.

Contam: Certa vez viu-se o Baal Schem obrigado a receber o shabat em campo aberto. Perto pastava um rebanho de ovelhas. Quando disse a bênção de saudação à Noiva Shabat que se aproximava, levantaram-se as ovelhas nas patas traseiras e assim ficaram, voltadas para o mestre, até terminar a oração. Porque, enquanto percebia a devoção do Baal Schem, toda criatura retomava sua posição original, como se estivesse perante o trono de Deus.[19]

Parece também que, em termos de austeridade, o povo já estava no limite. Exigências para um comportamento mais reto, críticas ao povo atribuindo à "ira de Deus" suas desventuras já não podiam mais surtir efeito. Percebendo que não havia por que descarregar a ira de Deus no povo, o *Becht* criticou os pregadores que "falavam mal do trono de Deus", que solicitavam mais atitudes no campo da moral e do ritual religioso.

O hassidismo prega que a função do *justo*, o *tzadik*, não é ficar numa torre de cristal tentando a perfeição perto de Deus, mas antes, descer até o lixo e tentar de lá tirar homens para elevá-los. O povo era a própria razão de ser do justo. Consciente disso e sentindo-se objeto de atenção, o judeu humilde, em retribuição, faz com que o prestígio do justo aumente.

O justo era um homem dividido, buscando compatibilizar duas lealdades: de um lado, a que devia a Deus; do outro, a que devia aos homens; uma ficava na esfera mística e outra, na cotidiana. Como juntá-las? Ettinger conta esta pequena amostra de sabedoria hassídica:

> O grande *tzadik* (sábio) é aquele que vai ao pátio do rei do mundo com sua petição e que, diante da grandeza de Deus só se lembra de louvá-lo, pois o que mais de importante no mundo há, senão adorar o criador? O *tzadik* menor, não. Mesmo diante de Deus não consegue envolver-se a ponto de esquecer-se dos problemas terrenos. Por isso, faz sua solicitação. E por isso consegue o que pede.[20]

O hassidismo como sistema se manteve porque *nunca* se opôs ao mundo de onde brotara, nem se autodefiniu como conjunto de eleitos ou de santos. Publicamente, aderiu à tradição, incluiu todos como merecedores de conhecer a verdade, mesmo o pior dos piores.

A CONTESTAÇÃO HASSÍDICA

Simplificar o hassidismo e defini-lo como movimento contestatório (historicamente falando) da realidade social seria incorreto. Mas negar que ele tentou lutar contra certas formas culturais que o *establishment* adquiriu também o é. O hassidismo apresentou-se como negação da estrutura social; mas, como movimento restrito ao universo das mentalidades, desligado da prática política de transformação do mundo, não executou – como não poderia mesmo fazer – suas promessas. A estrutura de dominação comunitária era uma decorrência de uma estrutura social de caráter pré-capitalista, fortemente estamental e rigidamente marcada, até em termos corporativos. O hassidismo vai servir como uma forma de fazer com que o homem que não se realizava materialmente, nem podia "ser alguém" na sinagoga, pudesse ser considerado alguém diante de Deus. Com o hassidismo, o estudo – por ser inacessível – era dispensável, já que a vida é alegria e o sentimento vale mais que a razão. Além do mais, lá estava o *justo* para intermediar o contato do homem com Deus.

Querer transformá-lo numa "ciência do oprimido" é tão pouco razoável quanto compreendê-lo apenas como um movimento religioso sem especificidade social, como pretendem alguns.[21] Pois, de fato, *o hassidismo constituiu-se numa ideologia do oprimido*.

A principal autoridade do líder hassídico vinha da sua alegada articulação direta com os poderes sobrenaturais, postos a serviço da comunidade. A organização do movimento também foi importante e, para tanto, foi fundamental o papel desempenhado pelo sucessor do *Becht*, o Maguid Meskitch, que transferiu o centro do hassidismo da Podólia para a Volínia (mais no centro do reino polonês). Após sua morte, o movimento se descentralizou, pois cada discípulo instalou-se numa cidade diferente, de modo a não haver um único sucessor natural.

Até que ponto o hassidismo contribuiu para destruir e corromper a sociedade judaica? Essa questão, colocada pelos iluministas judeus, é uma simplificação do problema. Na verdade, talvez se possa até afirmar o contrário: mesmo não tendo nenhum apoio externo para se manter unida, como nos séculos anteriores, a comunidade conseguiu se manter razoavelmente unida. Manteve, pelo menos em parte, a solidariedade grupal, e o hassidismo desempenhou seu papel para que isso ocorresse.

Claro que havia um choque, pois, para os seguidores, o *tzadik* era mais importante que os líderes comunitários. Mas essa nova maneira de ser judeu acabou chegando mesmo a lugares em que a oposição ao hassidismo fora muito forte. A influência do hassidismo foi grande em movimentos posteriores, engendrados dentro da comunidade, em oposição ao iluminismo – então considerado o monstro destruidor, porque favorável à integração e, eventualmente, à assimilação dos judeus.

O hassidismo representa uma tentativa de preservar os elementos do cabalismo que eram capazes de provocar uma resposta popular, mas despojados do seu sabor messiânico, ou melhor, com seu componente messiânico devidamente neutralizado.

No judaísmo rabínico tradicional, o chefe espiritual da comunidade é o erudito, o estudioso da *Torá*, aquele de quem é exigido que se preparasse para que, analisando e adaptando os textos sagrados aos problemas concretos, funcione como guia da comunidade. No sabatianismo, como no hassidismo, não. O importante era o fato de o líder ser um "inspirado", carismático, próximo de Deus pela emoção, mesmo que sem muita erudição. Se coincidir de o *santo* ser um *sábio*, tanto melhor. Mas a condição fundamental era a sua santidade e não sua sabedoria.

O período que vai de 1750 a 1800, o da fixação do hassidismo, caracteriza-se por extraordinário desenvolvimento de *tipos religiosos*: uma rebelião contra a petrificação que definira valores religiosos até então. Mas não há produção de novas *ideias religiosas* e, muito menos, de teorias de conhecimento místico.

Guershom Scholem mostra-se espantado com isso e mais ainda com o fato de nem sempre ser possível distinguir entre os elementos revolucionários e os conservadores do hassidismo. A dificuldade se dá por eles se confundirem. Melhor dizendo, o fato de o hassidismo não ter *caráter* revolucionário, mas *elementos* reformistas apenas, faz com que as alterações aparentes não tenham significado maior.

O hassidismo, enquanto corrente religiosa do judaísmo, perdura até os dias de hoje. Mas sua mudança vem já de há muito, quando se foi burocratizando, enquanto movimento. O *tzadik* adquiriu poderes espirituais tão grandes que a verdade antes conhecida *também* por meio dele passa a ser conhecida *apenas* através dele. Ainda hoje, há casos extremos de pessoas que não tomam importantes decisões, em São Paulo, sem terem antes consultado o chefe hassidista de sua corrente, em Nova York.

Restaria lembrar que, apesar de tudo, o hassidismo constituiu-se num movimento datado. Historicamente não tem mais sentido algum, mas deve-se reconhecer que deixou alguns resultados que não podem ser subestimados, na medida em que permitem constantes releituras.

Foi um fator de caráter *interno* significativo no processo de manutenção do grupo judaico como *entidade* com características específicas. A solidariedade grupal foi preservada em condições muito difíceis.

O mundo do hassidismo está umbilicalmente ligado ao *shtetl*, ou seja, ao mundo material que o engendrou e manteve. A desagregação de um representa o esvaziamento do outro, pelo menos de forma plena. Algumas coisas mudaram: no começo, a palavra dos líderes era bebida como gotas sagradas; com o tempo, as pessoas já não as valorizavam tanto, pois viraram rotina. As interpretações da palavra divina passaram a ser questionadas. O estabelecimento de mecanismos hereditários (nem sempre o filho tinha o talento e o carisma do pai) não satisfazia o grupo.

O hassidismo, entretanto, permanece. Não tanto nos exemplos arqueológicos que ainda podem ser encontrados, mas na reprodução idealizada de um mundo mental do *shtetl*. E, talvez, em um anti-intelectualismo preguiçoso, que é uma marca registrada dos tempos atuais e está presente em certas faces do judaísmo também.

Notas

[1] Adolphe Lods, *Les Prophetes d'Israel e le début de judaisme*, p. 80.

[2] Jaime Pinsky, *Os judeus no Egito helenístico*, p. 38.

[3] Tenho abordado essa questão em vários escritos, principalmente em Jaime Pinsky, "Propriedade de terra e ideologia: o monoteísmo ético", in *Revista de História* nº 104, p. 867.

[4] Isaías e Amós, por exemplo.

MOVIMENTOS PRÉ-POLÍTICOS

[5] Jaime Pinsky, "Propriedade de terra e ideologia: o monoteísmo ético", *cit.*, p. 863 e 866.

[6] Esta é uma das mais queridas teses da historiografia sionista. Um bom exemplo é Ben Sion Dinur, *Israel and the diaspora*, p. 9-10.

[7] Veja-se interessante discussão teórica sobre movimentos messiânicos em M. Isaura de Queirós, *O messianismo no Brasil e no mundo.*

[8] A respeito, é importante consultar o excelente Joseph Klausner, *From Jesus to Paulo.*

[9] *Apud* Salo Wittmayer Baron, *A social and religious history of the Jews*, vol. V.

[10] Maimônides, *Igueret Teiman.*

[11] Gershom Scholem, *As grandes correntes da mística judaica*, p. 249.

[12] Talvez só no Egito helenístico tenha ocorrido algo que se assemelhasse. Vide Jaime Pinsky, *Os judeus no Egito helenístico, cit.*, cap. III, p. 95-144.

[13] Daí chamarem-se judeus sefaraditas, da Sfarad, *Espanha* em hebraico.

[14] Vide Gershom Scholem, *A mística judaica*, p. 294.

[15] A referência é às dez tribos que compunham o reino de Israel e que foram capturadas pelos assírios e diluídas no império de Sargão II. O falso problema do destino dessas tribos tem excitado a imaginação de ficcionistas e religiosos através dos tempos.

[16] Em hebraico, "dono do bom nome", de onde vem *Becht.*

[17] Vide S. Ettinger, "O movimento hassídico: realidade e ideais", *in* Unesco, *Vida e valores do povo judeu,* p. 279-280.

[18] Martin Buber, *Histórias do rabi*, p. 99.

[19] *Idem,* p. 188.

[20] S. Ettinger, *Op. cit.,* p. 284-285.

[21] Por exemplo, S. Ettinger, *Op. cit.,* p. 279-280.

O período de transição

No sopé da colina, encontram-se casinhas em quantidades, uma por cima da outra, como velhas lápides tortas, enegrecidas pelo tempo.

Sholem Aleichem

O MUNDO DA GENTE MIÚDA

A "zona residencial judaica", a *pale* (em inglês), foi estabelecida em 1791, quando os judeus da Rússia Branca (hoje Belarus, ou Bielorrússia), que haviam ficado sob a soberania russa em 1772, foram proibidos de fazer parte das guildas de comércio ou artesanato fora da sua própria província. Como favor especial, Catarina II, a czarina de plantão, estendeu os limites de seus direitos até Ekaterinoslav e Táurida. A restrição à livre movimentação dos judeus permaneceria até a Revolução Russa de 1917. A justificativa oficial para a instauração da "zona residencial" foi a "proteção ao ignorante povo russo do perigo da escravização econômica pelos judeus". Pura e simplesmente. O direito à escravização econômica do povo russo Catarina reservava para os nobres, particularmente os da casa real...

OS JUDEUS

A área destinada aos judeus caminhou para o oeste, junto com o avanço russo. Assim, em 1794, já eram incluídas as províncias de Minsk, Izyaslov, Bratzlav, Polotzk, Moghilev, Kiev e Chernigov. Em seguida, Novgorod e Syeversk. Depois, Vilna e Grodno. E em 1799, Curland. Em 1804, os judeus tiveram acesso a Astracã e à Caucásia. Junto com as concessões, algumas restrições iam aparecendo, como a de habitar nos portos militares de Sebastopol e Nicolaiev, a cidade de Kiev e outras.

Nem sempre a realidade correspondia às determinações imperiais. Por exemplo, judeus continuavam residindo nas províncias de Varsóvia, Kalisz, Lublin e várias outras que inicialmente não estavam incluídas na "zona residencial".

Para ter permissão de residir fora da "zona residencial" era necessário preencher ao menos um dos seguintes requisitos:

- ser mercador de primeira guilda;
- ter educação superior;
- ter cumprido o serviço militar.

Artesãos, durante um período determinado, podiam sair da área demarcada, desde que provassem ser isso necessário à compra de matéria-prima ou venda de seus produtos.

Comerciantes de segunda guilda podiam visitar locais fora da "zona residencial", uma vez por ano, por períodos não superiores a dois meses. As pessoas podiam sair para resolver negócios durante algumas semanas, os jovens para completar seus estudos ou aprender uma profissão.

Dados estatísticos[1] levantados já mais para o final do século XIX dão conta de que, na "zona residencial", o percentual de judeus com relação ao total da população atingia a cifra de 11,46% (em números absolutos, 4.874.636 numa população total de 42.352.039). A distribuição da população não era homogênea: nos distritos de Grodno chegava a 17,28% (276.874 em 1.602.681) e no de Varsóvia atingia a cifra de 18,12% (349.943 em 1.931.168). Sabe-se também que a concentração de judeus nas áreas urbanas era muito maior, o que implicava, frequentemente, o aparecimento de pequenas cidades com expressiva população e mesmo com maioria judaica, o *shtetl*.

A estrutura ocupacional dos judeus do *shtetl* é muitas vezes ironizada com humor amargo, na própria literatura judaica:

> Assim como podem ver, são todos eles gentinha miúda, nem criaturas melancólicas, nem respeitáveis burguesinhos preocupados. Pelo contrário, têm fama no mundo de grandes pobretões, chistosos, almas divertidas e alegres. Pobres, mas contentes (...) vive-se... Vive-se? Pois bem, pergunte-lhes, por exemplo: "– Do que vocês vivem?" e eles responderão: "– Do que vivemos? Não está vendo? Ha, ha, ha! Vivemos (...)" e, o que é extraordinário, onde quer que os encontre estão correndo como baratas tontas, um para cá, outro para lá e nunca têm tempo. "– Para onde estão correndo?" "– Aonde estamos correndo? Não está vendo? Ha, ha, ha! Estamos correndo. A gente espera arranjar alguma coisinha, ganhar para o sábado...".[2]

Na verdade, boa parte da população vivia de expediente. Nem poderia ser diferente, se considerarmos que as pessoas que não estavam ligadas ao comércio, em seus diferentes níveis, constituíam o exército dos artesãos – sapateiros, padeiros, marceneiros, açougueiros – entre outros,[3] ou simplesmente pertenciam àqueles que mereceriam uma classificação, talvez eufemística, de prestadores de serviços.

A estrutura comunitária – a sociedade do *shtetl* – só pode ser compreendida em conjunto com os papéis econômicos desempenhados pelos judeus. É o caso da liderança comunitária, exercida pelos ricos da cidade, aqueles que tinham tempo para despender com assuntos gerais. Não é por acaso que a palavra hebraica para descrever os protetores ou líderes, *parnassim,* origina-se de outra, *parnassá*, que significa preenchimento das necessidades materiais, renda.[4] Apesar de ser frequentemente citada como "democrática" – pelo fato de a liderança ser escolhida pelo voto –, a estrutura comunitária não era

O PERÍODO DE TRANSIÇÃO

tão democrática assim. Preliminarmente, todas as mulheres eram marginalizadas do poder. A participação dos homens estava limitada aos casados e com família constituída. Nada muito determinado, de forma a permitir manipulações casuísticas dentre os detentores do poder. Finalmente, havia vários níveis de participação política. O primeiro era o de participar das assembleias. O segundo, era o direito a voto. Por último, os elegíveis, alguns poucos escolhidos no seio dos votantes. Isso pode ser percebido, de forma clara, ao se estudar documentos de uma pequena cidade da *pale* (Pruzhany, Prújene para os judeus), cuja assembleia era composta de apenas 23 elementos numa comunidade de alguns milhares,[5] no começo do século XIX.

Teoricamente, o requisito elementar para pertencer à liderança era ter certa erudição judaica e continuar estudando algumas horas por dia. Na prática, porém, como reconhecem autores insuspeitos no caso,

> muito mais importante do que tal declaração de estudo, era o *status* econômico. Na verdade, os vários títulos podiam mais facilmente ser adquiridos pelo rico do que pelo estudioso.[6]

Os poucos judeus de primeira guilda eram os que tinham mais contato com o mundo externo. Dentre suas atividades, sobressaía o comércio do trigo que exigia conhecimento da língua russa, vestimenta diferente e mesmo concessões de caráter religioso. Sua circulação fora da "zona de residência" era livre e seus filhos começavam a buscar uma lenta, porém inexorável, integração na vida russa, tanto cultural como materialmente. Como ocorrera nos países ocidentais, o iluminismo judaico é a ideologia que circula nessa camada da população, justificando seu processo de afastamento do *shtetl*. Esse processo iria se acelerar mais para o final do século XIX, quando o enriquecimento desses judeus iria afastá-los de seus correligionários. Não querem mais ser judeus de *shtetl*, mas têm dificuldade em se tornar burgueses "do mundo". Muitos tentam se equilibrar em um limbo existencial, como mostrarei mais adiante. Mas antes, vamos conhecer alguns personagens importantes do *shtetl*.

79

O rabino

O rabino era uma das figuras centrais da comunidade. Não se deve, contudo, imaginá-lo como um padre católico ou como o antigo sacerdote do Templo de Jerusalém.

O rabino não é um sacerdote, não é o homem de Deus na Terra, como em certas religiões, não tem direito a ministrar sacramentos.

É apenas um homem comum, que deve possuir algumas qualidades humanas específicas e ter estudado sobre a religião judaica. Sua ascendência sobre o grupo não tem origem superior, mas humana, pois deriva do conhecimento duramente adquirido sobre a lei de Deus e sua capacidade de aplicação às condições específicas de existência da comunidade.

Os rabinos entravam, por vezes, em conflito com os *parnassim*, embora a prudência os aconselhasse a evitar atritos, já que eram contratados pela comunidade, que lhes pagava o salário (e isso continua funcionando assim até hoje).

Discutia-se sobre a verba que deveria ser destinada aos pobres nas festas judaicas; sobre os recursos para a construção da nova sinagoga; sobre a miséria dos órfãos e das viúvas em contraste com a opulência dos ricos. Obras históricas e de ficção registram muitos casos de religiosos que acusavam os ricos de terem atitudes "pouco judaicas".

Conta uma história hassídica:

> Um ricaço procurou, certa vez, o sábio de Kosnitz.
> "– O que costumas comer?" – perguntou o sábio.
> "– Sou modesto, respondeu o rico: pão e sal e um gole de água bastam-me."
> "– Que ideia" – admoestou-o o sábio – "Deveis comer assados e, para beber, hidromel, como todos os ricos!"
> E não deixou o homem sair enquanto ele não prometeu que assim o faria daí em diante.
> Mais tarde, os *hassidim* lhe indagaram a razão de tão estranho conselho.
> "– Somente quando ele come carne" – respondeu – "é que vai saber que o pobre precisa de pão. Enquanto ele come pão, pensará que o pobre pode comer pedras".[7]

O rabino é apresentado tanto com suas virtudes como com suas fraquezas. Como membro do grupo, podia não encontrar as soluções satisfatórias, ficar desprestigiado e mesmo abandonar uma comunidade pela outra. À exceção de algumas dinastias rabínicas, vamos encontrá-lo com muito espírito profissional, oferecendo seus serviços, conseguindo vitórias e amargurando fracassos. Não há por trás dele um bispo, um cardeal, um papa, uma estrutura rígida de poder. É ele e a comunidade.

Há uma deliciosa narrativa popular entre os judeus da Lituânia que retrata muito bem, com típico humor judaico, um dos aspectos da relação do rabino com a comunidade. O texto é um pouco longo, mas vale a pena. A história começa com a morte de Froyim, no *shtetl* de Zoromin.

> Ao saber que morrera, o rabino sentou-se por um momento para meditar serenamente e depois começou a se sacudir para frente e para trás, lamentando, gemendo e segurando a cabeça. O homem com quem estivera falando percebeu o pesar, sacudiu a cabeça piedosamente e se retirou sem uma palavra. Para um homem acometido por tal dilema como o rabino, que palavras seriam suficientes?
>
> Bem, logo todo mundo estava sussurrando o fato. Imaginar-se-ia que Froyim fosse algum personagem importante, pelo rebuliço entre as pessoas, mas não era assim. Vocês pensariam que ele exercia algum posto indispensável em Zoromin, mas também isto não era exato. Será que era um benfeitor, um grande sábio ou conselheiro? Novamente errado. Froyim, o fungador, para dizê-lo logo, era um Haman com melenas laterais. Parecia que vivia como prova de que o Todo-Poderoso (bendito seja) fez o homem no sexto dia, quando já estava meio cansado. Froyim era sovina, astuto, frio e desonesto e teria sido ainda mais mesquinho, não fosse o fato de que, graças a Deus, também era preguiçoso. Ninguém lembrava uma só palavra de amor ou perdão vinda de Froyim, o fungador, e era isso que fazia o rabino lamentar e causava todo aquele murmúrio, de maneira que as ruas ressoavam como uma floresta ao vento.

Considere-se o problema:

1. que Froyim era mentiroso, vilão e fanfarrão; mas, apesar de tudo, era um judeu;
2. que Froyim, sendo judeu, tinha que ser enterrado como judeu;
3. que todos os judeus são enterrados no mesmo ritual;
4. que parte deste ritual consta do recitativo das boas ações do falecido;
5. que é proibido mentir perante Deus;
6. que qualquer boa palavra ou ação atribuída a Froyim, o fungador, seria uma mentira de nivelar montanhas e engolir oceanos.

Acontece que o povo de Zoromin não é alheio à "recordação criativa". (...) Mas uma mentira direta em face de Deus é outra coisa. Se o rabino tratasse Froyim benignamente na sinagoga, isso poderia fazer ruir o teto. Geralmente, quando não pode lembrar de algo realmente bom para dizer sobre alguém que morreu, o orador diz que o falecido amava a vida. Mas dizer isso a respeito de Froyim seria lançar dúvidas sobre a Primeira Semana do Mundo.

Era esse o dilema enfrentado por nosso rabino, que sempre vai ao encontro dos problemas de cabeça erguida; e ele enfrentou este diretamente. Apanhou seu lanche, saltou sobre seu cavalo veloz, deixando apenas o recado de que tinha ido fazer uma visita à sua velha mãe e não estaria de volta antes da terça-feira. Ninguém o incriminou – quando é que esteve errado ser filho devoto?[8]

A educação

O sistema educacional judaico tinha muito – talvez se pudesse dizer tudo – a ver com a religião. O *heder* era mais que a escola elementar, o local em torno do qual toda a vida do menino girava.[9] Com três anos, a criança era levada pelos pais ao *heder*, balas e doces eram distribuídos por eles aos alunos antigos, era um dia de festa. O caráter do aprendizado pode ser percebido pela primeira atividade escolar:

O mestre levava a criança à mesa e lhe mostrava o alfabeto impresso em tipos grandes na primeira página do *Livro das Rezas*. O mestre apontava as letras; em seguida combinava-as nas palavras "O Senhor é Verdade" e a criança repetia a operação após o mestre.[10]

Assim, a criança ia aprendendo, sucessivamente, as letras, suas combinações, as sílabas e, finalmente, as palavras. Quando já estava habilitada à literatura, era iniciada no Pentateuco (a *Torá*), com uma encenação da qual faziam parte a criança, o mestre e um grupo de alunos que exerciam o papel de coro, aqueles que davam as bênçãos. Com pequenas variações, a cerimônia se passava assim:

> *Mestre* – Menininho, menininho, que estão seus pais fazendo aqui?
> *Menino* – Meus pais estão tendo uma grande celebração agora.
> *Mestre* – É pelo fato de você estar começando a estudar o Pentateuco que seus pais estão fazendo a grande celebração?
> *Menino* – Sim, mestre, é isso mesmo, o senhor acertou.
> *Mestre* – Você gostaria de recitar, primeiramente, algo da *Torá*?
> *Menino* – Claro, para isso é que fui criado. Embora eu não esteja apto para recitar algo da *Torá*, gostaria de dizer algumas palavras. Mestre e amigos! (...) Por que Deus deu a *Torá* para Moisés e não para Abraão?
> *Os alunos* – Porque no seu tempo havia poucos judeus e na época de Moisés, muitos.
> *Menino* – Vocês deram a resposta da *Torá*. Eu lhes darei uma resposta de uma criança. Não havia necessidade de dar a *Torá* na época de Abraão porque a geração não era má.
> Há ainda uma outra resposta: Se Deus tivesse dado a *Torá* através de Abraão, os judeus poderiam tê-la esquecido no Egito.[11]

Assim iam os garotos treinando para poder responder com a maior rapidez qualquer questão levantada a partir das verdades consagradas. A preocupação do ensino do *heder* não era discutir as afirmações da *Torá*. Considerava-se que, antes de tudo, era preciso "conhecê-las". Isso significava decorá-la de cabo a rabo, a ponto de, dado o mote, a primeira palavra do capítulo ou versículo, o aluno ser capaz de recordar todo o restante num fôlego só. Só no nível seguinte é que a criança passava à interpretação. Interpretação? Também aqui, o primeiro a ser feito era conhecer o já consagrado. Avançavam os meninos no *Talmude*, em *Rashi*, mergulhavam nas sutilezas das letras e em elucubrações distantes.

O *heder* era a escola fundamental,
de caráter religioso,
frequentada por todos os meninos do *shtetl*.

Todos os dias – à exceção do sábado –, o dia todo, anos a fio, o *heder*. E, para o "encanto" das crianças, o castigo.

Memórias de memórias, avós e tios, sempre a consciência de que qualquer falha de memória seria condenada com umas lambadas, um puxão de orelhas ou alguns bons bofetões. O medo, o terror eram técnicas de aprendizagem comuns. Conta Sholem Aleichem:

O PERÍODO DE TRANSIÇÃO

> O método do professor Boás consistia numa só coisa: vara. Por que justamente vara? Ele o explicava com um raciocínio e apresentava como exemplo, valha a diferença, o cavalo. Por que o cavalo anda? Porque tem medo. Do que tem medo o cavalo? Da vara. O mesmo acontece com as crianças. A criança precisa ter medo; medo de Deus, medo do *rebe*, medo dos pais, medo do pecado, medo de um mau pensamento... E para que uma criança sinta realmente o que se chama medo, é preciso desabotoá-la lindamente, deixá-la como compete e meter-lhe umas boas dezenas de lambadas. (...) e Boás não nos surrava, fiquem sabendo, à toa. Sempre havia um motivo. Por não estudar como se deve, por não rezar com fervor, por desobedecer aos pais, por olhar para dentro, por olhar para fora, por olhar em geral, por rezar depressa demais, por rezar devagar demais, por falar muito alto, por falar muito baixo... (...) Numa palavra, lambadas, chicote, medo e lágrimas – eis o que reinava naquele tempo no nosso pequenino e simplório mundo infantil, sem a menor perspectiva, sem remédio algum, sem um raio de esperança de livrar-se daquele inferno![12]

O elementar todos aprendiam: o *rebe*, mestre das primeiras letras, tão vítima quanto algoz, era, muitas vezes, um infeliz que não "dava certo" noutras atividades. O salário nem sempre bastava para sua sobrevivência. Recebia, no decorrer do ano, presentes que amenizavam sua miséria, e dependiam da generosidade e da possibilidade dos pais dos alunos. Os pais se dividiam entre a vontade de conduzir os filhos à honra do conhecimento judaico e à impossibilidade material de fazê-lo. O *heder* era, por isso, frequentemente, a primeira e última escola.

Estudos mais avançados, poucos faziam: os garotos ricos, cujos pais não tinham problemas; algumas crianças bem-dotadas, filhos de estudiosos e prometidos como noivos a alguma herdeira rica (e nesses casos eram frequentes os casamentos em idade muito tenra, o garoto mal chegado aos 13 anos, a menina apenas cruzando a puberdade); finalmente, pobres garotos que tivessem demonstrado excepcional vocação para os estudos e que conseguiam prosseguir graças a dádivas oferecidas pelos mais ricos aos institutos superiores, as *ieshivot*. Seriam esses, os *oremebocherim*, os rapazes pobres, que tanta influência iriam exercer nos futuros movimentos sociais judaicos.

Papéis sociais

Havia uma hierarquia no *shtetl*, os sábios e os ricos aparecendo em lugar de destaque. Ser proprietário, *balebós*, era o sonho de todos. Às vezes, nem o sonho realizado levava à realização econômica. O máximo que o judeu conseguia era um espaço mínimo, dando para uma porta estreita em uma rua barrenta, quase sem transeuntes, o proprietário plantado, esperando os fregueses, poucos e sem posses. Mesmo assim, o conceito de propriedade já penetrava no *shtetl*: o prestador de serviço aparece sempre como inferior ao que era "dono" de qualquer coisa.

Sholem Aleichem mostra que a carreira do cavalo Matusalém só entra em declarada decadência quando, após "trabalhos nobres", passa a puxar barril de água para Kasriel, o aguadeiro.[13] Essa tarefa, assim como a de banhista e a de cocheiro, por exemplo, era das menos respeitadas pela própria comunidade.

Enquanto isso, o burguês judeu continuava ascendendo. O desenvolvimento, lento, de início, do capitalismo na Rússia vai aumentar a área de atividade do que tem dinheiro e comercia com o mundo externo. A acumulação de capital que realiza se dá também à custa de seus correligionários. Afirma um memorialista que

> os pequenos comerciantes estavam sempre curtos de dinheiro e necessitados de um empréstimo. A maioria deles tinha que recorrer a usurários que cobravam taxas escorchantes. Para um empréstimo de vinte e cinco rublos para um período de meio ano, cobravam-se quatro rublos, deduzidos inicialmente. A devolução tinha que ser feita desde a primeira semana, à razão de um rublo por semana.[14]

O PERÍODO DE TRANSIÇÃO

Contudo, nem a exploração a que muitos judeus eram submetidos levava-os a qualquer tipo de revolta. Pelo contrário, um conformismo muito grande permeava a relação entre os indivíduos de diferentes camadas sociais. *Uma permanente pressão antijudaica exacerbava o sentimento de grupo, provocando a impressão de que não poderia haver saída vinda de fora.* Só uma redenção divina – se assim fosse Seu desígnio – seria capaz de alterar o estado de semimiséria constante.

É fácil percebermos que *nos contatos intergrupais no interior do* shtetl *havia exploradores e explorados. Entretanto, a inexistência de clareza na relação de opressão dificultava qualquer reação de caráter social.* Se levarmos em conta, ainda, toda a solidariedade de grupo, estimulada tanto pelos mecanismos internos como pelos externos, compreenderemos o aparentemente incompreensível. Como diz um personagem,

> também agora há patrões, senhores proprietários, mas proprietários *judeus...* Falam iídiche como eu, como o senhor. E guardam os preceitos judaicos. Numa palavra, quando se diz *judeu*, não há diferença: quer dizer, não vou dizer que sejam modelos de santidade, Deus seja louvado, na nossa sinagoga, para rezar, aparecem pouco. E na nossa casa de banhos, muito menos (...) Não faz muito, doaram tijolos para sinagoga! Como não! Tudo muito gentil, bonito, correto, como deve ser.[15]

Assim o *shtetl* atravessou todo o século XIX. Muitos fugiram dele, como veremos a seguir, mas os que ficaram continuaram vivendo da mesma forma. Sim, ele mudou, mas os muros construídos, tanto os de fora para dentro quanto os de dentro para fora, impediram que se transformasse de verdade, tanto que vamos encontrá-lo já no século XX como um arcaísmo vivo.[16]

Todas as descrições se parecem: 1 mercado, 5 ruas largas, 12 ruas estreitas e uma área em volta da sinagoga. O mercado ocupando espaço equivalente a duas quadras, no centro da cidade. As ruas largas, com três ou quatro quadras de comprimento, estendendo-se do mercado até fora da cidade. Na rua principal, o comércio, judeus e não judeus eventualmente próximos. Nas ruas estreitas, russos brancos, poloneses, outras minorias e demais judeus. Cada grupo com sua língua.

O ar de tudo parado, o fatalismo, a miséria no limite do possível não resistirão ao impacto do processo de industrialização na Rússia. *O desenvolvimento do capitalismo atinge e altera as formas de existência dos nobres e servos, dos artesãos e comerciantes. A acumulação se acelera, a miséria também.* O mundo "externo" penetra mais e mais na sonolenta vidinha do *shtetl*, as verdades começam a ser contestadas, o "científico" concorre com o mágico, há um estado de equilíbrio precário, de "violinista no telhado".

A urbanização avança.

O judeu, lentamente, parte do *shtetl* para a cidade.

DO *SHTETL* À CIDADE

> *A industrialização rompe as fronteiras do* shtetl.
> *A rejeição e a miséria tentam empurrar o judeu de volta para ele.*
> *Entre o passado e o futuro, surgem as respostas ideológicas.*
>
> Jaime Pinsky

As alterações nas formas de existência dos judeus residentes no Império Russo no século XIX só podem ser compreendidas dentro do quadro mais amplo das transformações ocorridas devido ao desenvolvimento do capitalismo na região.

Por outro lado, não se pode pensar em capitalismo na Rússia sem considerar sua especificidade. Afinal de contas, estamos falando de um país que, apenas em 1861, promulgou um estatuto para a libertação dos servos e que no decorrer de todo o século XIX viveu sob o tacão de um governo autocrático e obscurantista.

O PERÍODO DE TRANSIÇÃO

É bem verdade que já sob a czarina Catarina II (1762-1796) surgiram sinais de atividades industriais na Rússia. Nos Urais, constrói-se um complexo metalúrgico que produzia lingotes de ferro semiacabados destinados à Inglaterra. Em várias regiões aparecem incipientes indústrias de tecidos. Entretanto, são atividades isoladas, que não funcionam como desencadeadoras de um processo de desenvolvimento integrado. Era o Estado que, absorvendo sozinho mais da metade do orçamento do país, dava o tom a respeito das áreas destinadas ao desenvolvimento e da rapidez com que poderiam fazê-lo.

É também nesse período que a Rússia "descobre" a possibilidade de tomar empréstimos do estrangeiro. A reorganização do exército e a modernização do aparelho burocrático estimulam a vinda do capital europeu que, por sua vez, desencadeia influência decisiva no desenvolvimento russo. Para pagar os juros e amortizar o principal dos empréstimos obtidos, o governo dificultava a concentração do capital nas mãos da incipiente burguesia; por outro lado, explorava direta e indiretamente os camponeses, mantendo-os num grau extremo de miséria. Dessa forma,

> na medida em que absorvia uma porção exagerada do excedente de produção, freava o processo de *per si* lento da diferenciação de classes e arrebatava da agricultura uma parte considerável dos produtos de que ela precisava, o Estado destruía inclusive as bases primitivas de produção sobre as quais deveria apoiar-se.[17]

Com isso, não se quer insinuar a existência de um aparelho do Estado pairando acima das classes. Na medida em que o governo russo necessitava de uma organização burocrática moderna, tinha que estimular métodos administrativos mais próprios de uma burguesia emergente do que da nobreza. À medida que as importações e as dívidas externas cresciam, a produção para o mercado – e não a de subsistência – recebia o estímulo governamental. O processo é lento, porém inexorável: fruto das próprias contradições, o regime autoritário russo estimula o desenvolvimento de uma organização da produção que carrega, virtualmente, a semente de sua própria destruição.

Mas entre o virtual e o factual, há a ação do homem. E não foi a burguesia russa que destruiu a autocracia czarista. A dependência econômica da burguesia relativamente aos capitais oficiais (ou estrangeiros, via governo) está na gênese de sua debilidade social. Daí a sua inexpressividade política. Coube ao Estado desempenhar a tarefa de grande empresário capitalista, controlando bancos e mantendo o monopólio de transportes (estradas de ferro) e do álcool. Para realizar sua tarefa de desenvolver o capitalismo, o Estado teve que dificultar, contraditoriamente, o próprio desenvolvimento de uma burguesia autônoma.

Quando, em 1861, o governo de Alexandre II (1855-1881) promulga o Estatuto da Libertação dos Servos, estará, na aparência, prejudicando os nobres em favor da burguesia industrial, na medida em que oferece, para o mercado de trabalho, uma mão de obra agora livre para negociar o valor de sua força de trabalho. Mas, na verdade, muitos nobres já se haviam adequado aos novos tempos. Boa parte deles tinha vendido suas terras para ficar na administração – noutras palavras, junto ao aparelho burocrático do Estado –, enquanto outros, com o produto da venda da terra, estavam aplicando em ramos da indústria. Alguns que não se haviam desfeito de suas propriedades procuravam ajustar-se aos novos tempos, buscando maior rentabilidade.[18] Por outro lado, já se pode falar, nesta época, de uma nobreza bastante diferenciada, parte da qual saída dos quadros de uma burguesia ascendente e desejosa de reconhecimento nos quadros do czarismo.

A partir de meados do século XIX, algumas áreas da Ucrânia são industrializadas, provocando o fenômeno que, desde então, até o final do século e até um pouco mais, continuaria num crescendo: o êxodo rural. Industrialização e libertação dos servos somam-se à depreciação do valor do trigo no mercado internacional, o que provoca uma exportação cada vez maior sem a devida compensação monetária. Assim, em 20 anos, a exportação tem que aumentar, em peso, 54% para sofrer um acréscimo de somente 11% em rublos.[19] A necessidade

O PERÍODO DE TRANSIÇÃO

de "equilíbrio" na balança de pagamentos terá seus reflexos sobre o nível de consumo das populações campesinas, renovando o fantasma da fome, mesmo nas próprias regiões produtoras.

Por outro lado, a amplitude dos negócios nessa área da Rússia permitirá alguma acumulação por parte de alguns negociantes de trigo, muitos dos quais judeus. A isto voltaremos em outra parte do livro. O que interessa assinalar aqui é *o esboroamento das formas de produção pré-capitalistas e seus reflexos sobre todas as faixas sociais* e não apenas sobre aquelas diretamente atingidas, como a nobreza agrária e o campesinato.

O setor dos transportes, tão preterido na Rússia durante longos anos, vai ser dinamizado. Em 1851, inaugura-se uma estrada de ferro entre Moscou e São Petersburgo. Depois, muitas outras. Nessa atividade, o capital estará presente, tanto direta quanto indiretamente, estimulando os empresários e garantindo seus investimentos contra riscos eventuais dentro do processo conhecido como "socialização dos prejuízos". Em poucas décadas, dezenas de milhares de quilômetros são construídos, de acordo com o espírito da época – o de considerar as estradas de ferro instrumento fundamental para o desenvolvimento econômico.

Numa tentativa de defender o produto industrial russo, a política fiscal era extremamente rigorosa. O capital europeu penetrou como capital financeiro e ajustou-se de forma a conseguir, virtualmente, o domínio de vários setores. O grande montante de capital iria permitir, por outro lado, uma indústria pesada com grande concentração operária em alguns centros russos.

O surgimento de uma nova força social – o operariado – não será acompanhado com a mesma intensidade de outra que, em outros países, historicamente se lhe opunha – a burguesia. *A especificidade do desenvolvimento capitalista na Rússia, com grande concentração operária desproporcional ao poder e importância da burguesia, será fundamental para a compreensão do caráter que as lutas sociais iriam tomar.*

Lado a lado com a grande indústria, desenvolveu-se a manufatura. Nela, de início, a relação operário/patrão não adquiria os contornos que no caso da indústria ficavam claros. Muitas vezes, junto com os operários que dependiam exclusivamente do salário, as manufaturas mantinham expressivo número de produtores semi-independentes. É bem verdade que, mais para o final do século XIX, o caráter capitalista vai-se acentuando de forma progressiva, a ponto de os empregados desses estabelecimentos serem colocados por Lênin "mais próximos do trabalhador da grande indústria do que do camponês".[20] Entretanto, essa proximidade não impedirá diferenças expressivas entre operários de manufatura e da grande indústria, em termos de aglutinação e ação política.

O crescimento capitalista da Rússia ocorreu sob o signo da desigualdade – o que não era algo novo –, acentuada pela vastidão territorial e populacional. Se em meados do século XIX já se pode falar, corretamente, de uma área industrializada na Ucrânia, a Revolução de 1917 vai encontrar imensos territórios mais a leste totalmente desligados do progresso que alcançara partes do Império. No geral, porém, não será equivocado concluir que o desenvolvimento capitalista na Rússia tendeu a eliminar um processo dispersivo e consuntivo de produção a favor da concentração; provocou diminuição da população rural e crescimento relativo e absoluto da urbana, exigindo que menos pessoas, no campo, dessem conta de alimentar os habitantes da cidade; estimulou o surgimento de associações de classe, dentro de uma mentalidade que o novo modo de produção solicitava.[21]

Rápido com relação ao período pré-capitalista, lento se cotejado com a velocidade de outros países, o desenvolvimento capitalista na Rússia, refreado por inúmeras instituições políticas e estruturas ideológicas, carregou no seu bojo de contradições os judeus, despertados de supetão da sonolenta vida do *shtetl*.

Russos por acaso

"Russos por acaso", incorporados que foram ao Império como contrapeso indesejado das conquistas czaristas, os judeus, fechados

O PERÍODO DE TRANSIÇÃO

inicialmente na "zona de residência", vão sentir, na oscilação da política oficial, as contradições do desenvolvimento capitalista. Em todas as atitudes do governo russo relativamente aos judeus, essas contradições aparecem. Um bom exemplo é a agricultura.

Em 1807, preocupados com a ocupação das áreas recém-conquistadas, a Rússia autoriza os judeus a adquirirem terras para a lavoura com a garantia de que não seriam reduzidos à servidão, além de terem isenção de impostos por cinco anos. Mais ainda, aqueles que não tivessem recursos receberiam a terra e um pequeno empréstimo, e a isenção de impostos chegaria a 10 anos. Em alguns anos, 600 famílias, num total de 3.640 pessoas,[22] aceitaram o convite, mas os resultados foram insignificantes. A falta de tradição agrícola, somada à falta de recursos prometidos pelo governo, criou uma situação insustentável e a suspensão das tentativas durante um longo tempo.

Apenas sob Nicolau I (1825-1855) novas experiências são postas em prática. No distrito de Kherson, e depois no de Ekaterinoslav, uma série de privilégios são assegurados a quem se dispusesse ao trabalho agrícola, inclusive a dispensa do apavorante serviço militar. Proibidos pela legislação czarista de exercer uma série de profissões, muitos judeus estruturam colônias tanto nos distritos acima citados como em outras áreas do oeste pertencentes ao Estado, entre 1835 e 1840. Enquanto isso, a pressão industrial em busca de mão de obra abundante se fazia sentir e, já no início do governo de Alexandre II (1855-1881), todas as vantagens são retiradas e até mesmo a habilitação de judeus como agricultores passa a ser negada. Em 1864, limita-se a áreas remotas o direito da posse de terras por judeus e, em 1882, proibiu-se-lhes, praticamente, viver fora das aldeias ou cidades.

O levantamento feito pela ICA (Jewish Colonization Association) em 1897 dá conta de que, como resultado do que foi apresentado, ao final do século XIX, havia apenas 296 colônias judaicas, perfazendo 13.059 famílias, com um total de 75.887 pessoas. Levando em conta que cerca de um terço das famílias não tinha condições de tirar sustento de suas pequenas faixas de terra medíocre, o levantamento estima que restavam, na ocasião, pouco mais de 50 mil pessoas (exatamente 51.539) vivendo da agricultura nas colônias. Considerando aqueles que se dedicavam a culturas especiais fora das colônias, somando os proprietários e os trabalhadores rurais, poderíamos chegar à cifra de 150 mil pessoas. Isto numa população judaica superior a 5 milhões de habitantes. Ou seja, no final do século XIX, apenas 3% da população judaica vivia da agricultura.

Não é, pois, surpreendente o fato de a tradição urbana dos judeus ser mantida. E ampliada. Veja-se um bom exemplo de cidade com alto contingente de população judaica, Varsóvia.[23] Os números dizem tudo:

Ano	População judaica	% população total
1781	3.532	4,5
1810	14.061	18,1
1856	44.146	24,3
1882	127.917	33,4
1897	219.141	33,9
1914	337.074	38,1

A partir de meados do século XIX, Varsóvia passaria a desenvolver um papel cada vez mais importante no comércio regional, em substituição a Berdichev. Note-se que o fato atrai judeus de forma especial, uma vez que seu crescimento até 1882 não é apenas absoluto, mas também relativo, saltando de 4,5% para 33,4%. Nos 15 anos seguintes há um crescimento absoluto de 90 mil judeus, mas, relativamente ao total da população, os números pouco mudam (de 33,4 para 33,9); é a fase da instalação da grande indústria, quando a mão de obra é atraída em massa para as cidades.

O caso de Varsóvia não é uma exceção. Em Odessa, de 246 judeus em 1795, chega-se a 17 mil em 1855 e 138.915 em 1897. Em

O PERÍODO DE TRANSIÇÃO

Ekaterinoslav, de 3.365, em 1857, chega-se a 40 mil em 1897. Em Kiev, 204 em 1797, 3.013 em 1863 e 31.801 em 1897 – tudo em consonância com o crescimento geral das cidades nas áreas industrializadas, embora de forma mais acelerada, como demonstra o quadro a seguir:

População das principais cidades ucranianas[24] (em milhares)

Cidades	1863	1897	1914
Nikolaiev	64,3	92	103,5
Ekaterinoslav	19,9	112,8	211,8
Kharkov	52	174	244,7
Kiev	68,4	247,7	520,5
Odessa	119	403,8	499,5

Dados como esses que apresento podem levar à conclusão simplista como a de que o desenvolvimento do capitalismo e o fortalecimento dos judeus são fenômenos interdependentes, ou até que o desenvolvimento de um é proporcionado e, em consequência, benéfico ao outro.[25] Ledo engano. Números podem levar a equívocos se não são analisados em sua conjuntura histórica, como veremos.

Nas cidades

É verdade que o judeu se tenha urbanizado rapidamente. Daí a colocá-lo como beneficiário do desenvolvimento capitalista vai um longo caminho que exigiria um levantamento cuidadoso de suas atividades. E aqui, talvez, comecem a surgir algumas surpresas.

O fato é que, como em tantas outras situações históricas equivalentes, a destruição da estrutura pré-capitalista do *shtetl* judaico ocorreu de forma muito mais acelerada do que a possibilidade de ajustamento da população à sociedade capitalista. Não há dúvida de que se dá alguma mobilidade social. Alguns comerciantes ricos

OS JUDEUS

e mesmo artesãos chegaram a desenvolver um processo de acumulação que lhes permite uma integração na sociedade burguesa. Lev Ossipovich Mandelstam, o primeiro judeu a terminar uma universidade russa, conta que graças às condições que seu pai, comerciante, havia-lhe proporcionado, pôde ir à cidade, onde concluiu seu curso universitário, ele, que em criança,

> tinha que estudar *Talmude*, literalmente, dia e noite, como era hábito entre os judeus da Rússia Oriental. Assim, com a idade de doze anos, adquiri, simultaneamente, minha reputação de gênio e sintomas de tuberculose.[26]

Aparentemente, a regra: pai comerciante, enriquecido com as novas possibilidades que se abriam dentro das mudanças que ocorriam na Rússia; filho universitário, incorporando elementos de cultura laica e pensando criticamente – ou mesmo desprezando – sua origem.

Não foi bem assim. Lev foi e continuou sendo um caso à parte. O capitalismo permitiu a "subida" de alguns dentro do seu processo de diferenciação e os judeus não constituíram exceção. Contudo, para cada Lev, milhares de homens ficavam sem sua base de existência material e rumavam para as cidades em busca do duvidoso emprego, engrossando o exército de oferta de mão de obra. Muitos destes eram judeus.

O *shtetl* foi substituído pelo gueto.

Expulsos de suas cidadezinhas, onde não encontravam do que viver, os judeus buscam nas cidades maiores, antes de tudo, formas de sobrevivência. E, oriundos do pequeno comércio e do artesanato, a maior parte passa a encontrar o sustento em manufaturas, constituindo-se, por assim dizer, um proletariado de artesãos. A alternativa era trabalhar como oficial ou aprendiz de algum artesão já estabelecido, em uma relação de caráter pré-capitalista. A consciência política de um empregado nessas condições era, naturalmente, limitada pela lealdade que devia àquele que lhe "garantia o pão". Claro que o paternalismo era uma faca de dois gumes: o mestre, frequentemente, era padrinho do filho do oficial, que se sentia à vontade para deixar de trabalhar alguns dias quando problemas familiares aparecessem. Mas a exploração dava-se também, incorporando uma relação pretensamente pessoal e não de trabalho. E o fato de haver falta de oferta de trabalho fazia com que "concedê-lo" tivesse o significado de favor pessoal... Além disso, empregados artesãos sentiam-se a um passo de serem eles próprios proprietários. Só mais para o final do século, quando a acumulação capitalista passou a exigir volumes maiores de capital para a abertura de um negócio/oficina, é que a consciência de oposição clara entre capital e trabalho vai estabelecer-se de forma mais nítida.

Sholem Aleichem conta a história de quatro rapazes judeus, artesãos desempregados que foram pedir ao rico da cidade auxílio para o *Pessach,* a Páscoa judaica. Este respondeu:

> "– Primeiro, vocês não são casados e nós só prestamos auxílio pascal a casados; segundo, vocês são, benza Deus, gente moça, que pode ir trabalhar e ganhar o necessário para a Páscoa; terceiro, este ano temos superabundância de pobres, há mais recebedores do que doadores (...)".
> O líder do grupo retorquiu:
> "– Primeiro, que somos solteiros, a vantagem é de vocês: menos gente pobre na cidade; segundo, o senhor fala em trabalho; pois não! Dê-nos trabalho e poremos o mundo de pernas pro ar! Terceiro, quanto aos pobres, a culpa é do capitalismo de um lado e, de outro, dos exploradores do proletariado (...). Todos vocês não passam de uns burgueses e desalmados exploradores e nada mais".[27]

Salários reduzidos, somados a longos períodos de desemprego, levavam a maior parte dos artesãos a viver em condições de extrema pobreza. Para a sobrevivência – casa, roupa e comida –, gastava-se, em Lodz, três rublos e meio por semana e os salários – quando havia trabalho – atingiam quatro rublos.

O mesmo ocorria a carpinteiros de Bialistok, que recebiam – quando havia trabalho – não mais de três rublos. Os trabalhadores viviam amontoados em celeiros, dormiam poucas horas por dia e tinham uma jornada de trabalho que chegava a 16 e mesmo 18 horas diárias.[28]

Na verdade, parte do problema era explicada pela extrema concentração de artesãos. Assim, em alguns distritos, a proporção de artesãos judeus era quase inacreditável. O levantamento da ICA mostra que a média de 13,2% da população judaica dedicava-se a tarefas artesanais. (Na Alemanha, na região periférica à judaica, o percentual era de 6%.) Mais ainda, na Lituânia a cifra chegava a quase 15%, e em Grodno, 18,5%. Considerando apenas a população ativa – 10 a 16 anos de idade –, chegaremos à conclusão de que praticamente um quinto dos judeus dedicava-se a atividades manuais; e isso sem considerar que a mão de obra feminina tinha pouca significação. Se fosse computada nesses cálculos iria aumentar, ainda mais, a relação artesão/população realmente ativa.[29]

Um levantamento realizado em 1897 em alguns distritos dá conta do caráter urbano do artesanato a que se dedicam os judeus.

	Não judeus		Judeus	
	Nas cidades	Nos distritos	Nas cidades	Nos distritos
Artesãos por 100 habitantes	19,6	50,0	80,1	50,0

O artesanato judaico estava, pois, ligado à pequena indústria urbana e não a uma atividade de produtos de subsistência. Mais de 50% ocupavam-se de roupas e couro, enquanto cerca de 20% dedicavam-se à alimentação e ao mobiliário.

Na cidade grande, as atividades são quase as mesmas que no *shtetl*. O alfaiate, o sapateiro, o marceneiro, o padeiro, na maior parte das vezes, trabalhavam sozinhos. Quando precisavam de alguém, recorriam geralmente a um judeu que se submetia a seus caprichos em troca do respeito ao descanso sabático e de alimentação *casher*.[30] Em média, o número de "patrões" era praticamente idêntico ao de trabalhadores e aprendizes formados!

Não há, praticamente, judeus empregados na grande indústria. Eles atuam no setor manufatureiro. Também é importante observar que mesmo o registro de judeus capitalistas é menos expressivo do que se poderia imaginar. O relatório da ICA mostra que, das fábricas pertencentes a judeus, a maior parte não é mecanizada. Entre 2.840 fábricas levantadas pelo relatório citado, constatam-se os seguintes dados, relativos à "zona residencial judaica", com referência ao número médio de operários por fábrica:[31]

Regiões	Fábricas judaicas		Fábricas não judaicas	
	Mecanizadas	Não mecanizadas	Mecanizadas	Não mecanizadas
Noroeste	37,2	17,2	50	26,4
Sudoeste	40,7	17	229	17,7
Centro	21,2	11	314	48

Nota-se que a média de operários por estabelecimento industrial é muito inferior entre os judeus, mesmo nas fábricas não mecanizadas, o que evidencia sua característica de pequeno porte.

O capital judaico, suficiente para abrir uma empresa, mas insuficiente para o giro, corre, com frequência, para atividades que não demandam grande aporte de capital, como manufaturas de tabaco, destilarias, moinhos, fábricas de couro etc. Na verdade, as fábricas judaicas não passam de conglomerados de artesãos, com caráter provisório e pequena concentração de capital. Quando capitalistas judeus participam de indústrias de caráter diferente – como a de trilhos de estrada de ferro –, a dimensão da empresa exige uma dissociação entre o capitalista e o capital, através do sistema de ações, e então não se pode falar de empresa judaica.

Dificilmente o operário judeu era empregado numa grande indústria, mesmo quando esta era de propriedade judaica. Provavelmente, as únicas exceções expressivas eram as fábricas de fósforos e cigarros, uma das quais com mais de mil operários. Nelas, crianças a partir de seis anos de idade faziam um trabalho semiartesanal numa atividade não mecanizada e altamente perigosa para a saúde dos que eram obrigados a inalar continuadamente os gases nocivos.

Miséria e consciência social

Aproximando-se o final do século, muitos ramos da manufatura iam se industrializando, penetrados pelo grande capital, provocando problemas ao proprietário da pequena empresa e, indiretamente, ao operário judeu. A instabilidade atinge patrões e empregados, portanto. A busca do trabalho torna-se quase uma neurose. Como diz o relatório da ICA:

> A única condição que permite ao operário não vender sua força de trabalho como a de um escravo é o direito de ir e vir, e para os operários judeus este direito é um fato muito limitado, para não dizer suprimido: de sorte que, se eles não querem morrer de fome ou mendigar, devem aceitar todas as condições que se lhes impõem.[32]

Seria de se esperar que, com o desenvolvimento do capitalismo, também o artesão ou o semiartesão judeu e o operário das manufaturas se tornassem trabalhadores da grande indústria. Por que isso não aconteceu?

O PERÍODO DE TRANSIÇÃO

A responsabilidade costuma ser atribuída ao descanso sabático: uma vez que os cristãos interrompiam o trabalho aos domingos, o descanso dos judeus também no sábado prejudicaria muito a produção mecanizada. A explicação não pode ser subestimada. A imprensa socialista judaica denunciava patrões judeus que não davam emprego a seus próprios correligionários devido a esse descanso.[33]

A importância desse fator não deve, por outro lado, ser superestimada. Primeiramente porque a religiosidade – ou, apenas, a tradição – não teria condições de resistir à necessidade premente de busca de emprego. Encontrei, na documentação, muitas referências a judeus que trabalhavam no sábado (em Bialistok, por exemplo) e a outros que se propunham a fazê-lo se indispensável à obtenção do emprego. Depois, outra solução se viabilizava: considerando o enorme contingente de mão de obra ociosa, por que não contratar, em algumas fábricas, apenas judeus, interrompendo a produção só no sábado e produzindo normalmente no domingo? Essa não é uma proposta teórica: chegou a ser concretizada na cidade de Pinsk, uma das poucas em que judeus foram aceitos no trabalho mecanizado. Mas havia outras razões que permitirão formar melhor o quadro da situação. Uma delas é o mito de que o judeu, habilidoso manualmente, tinha horror ao trabalho pesado.[34] Mais ainda, havia sérias dúvidas relativamente à sua capacidade de adequação a um trabalho que exigia um "diálogo" com aparelhos e não criatividade e expediente. Era comum afirmar-se que o antigo servo ou o artesão ferreiro, por exemplo, tinham mais condições de render bem num trabalho que exigia força e persistência, em vez de imaginação e habilidade.

O Bund (partido social-democrático judaico, ao qual dedico uma unidade deste livro) reagia – geralmente sem muito sucesso – contra os industriais que negavam trabalho aos judeus alegando serem estes "pouco profissionais". Segundo os capitalistas, o trabalhador cristão trabalhava suas horas, recebia seu pagamento,

OS JUDEUS

> nada me deve e eu nada lhe devo. Ele não me convida à sua casa, nem eu devo convidá-lo nas festas. No caso do judeu, é diferente. Se ele me convida para ser padrinho de seu filho, como poderia eu recusá-lo? E se chego a ser compadre do trabalhador, eu terei que me interessar por ele. E se seu filho fica doente, é meu afilhado que adoeceu. Não, o melhor é simplesmente evitar esse problema, não contratando trabalhadores judeus.[35]

Por último, mas não menos importante, situa-se o temor que o patronato tinha relativamente à capacidade reivindicatória do proletariado judeu. No próximo capítulo, mostro como se organizava o Bund, pavor dos patrões, na medida em que defendia os trabalhadores da exploração. Pela tradição corporativista, pela origem artesanal, pelo fato de se ressentirem da perda, ao trabalharem como operários, dos meios de produção de que dispunham até então, a organização trabalhadora judaica precedeu até a russa.

A organização comunitária, que está na base dos sindicatos da Europa Oriental – como em Londres e Nova York mais tarde – tomará outros caminhos em países de migração judaica mais recente.[36] Mas não resolvia *o dilema da mão de obra judaica. Quando ligada ao artesanato, era superada pelo desenvolvimento capitalista. Quando em busca de trabalho na indústria, era rejeitada. De uma forma ou de outra, a miséria.*

O mesmo se dá com o capitalista. Quando incapaz de aumentar seu estabelecimento, perdia a capacidade competitiva, além de empregar um número muito limitado de trabalhadores. Quando capaz de fazê-lo, acabava por substituir a mão de obra judaica pela russa.

Há na rejeição à mão de obra judaica um fator de caráter ideológico que não pode ser subestimado. Consciente do "excedente" de mão de obra existente, já na década de 1860, mas principalmente a partir do último quarto do século XIX, o governo russo esforçava-se por demonstrar que era o *excedente judaico* que criava o desemprego. Essa pregação, bastante aceita por largas faixas do clero russo, sensibilizava a população já treinada no ódio aos judeus.

102

Não foram poucos os movimentos de operários russos contrários à oferta de empregos aos judeus em locais onde houvesse "nativos" desempregados. Essa "concorrência" no seio do proletariado seria um fator superveniente e legitimador da maior marginalização do judeu no mercado de trabalho. Diante disso ele tentaria, de início, um caminho de volta a uma estrutura de trabalho já superada, ansiando por encontrar no passado a solução de seus problemas. Um memorialista conta que

> alguns dos operários desempregados abriam sua própria loja. Dois operários costumavam abrir o negócio em sociedade. Por cerca de 200 rublos podiam alugar uma loja, contratar dois trabalhadores, comprar certa quantidade de couro semiacabado e fazer o acabamento. As pequenas lojas pagavam salários menores que as fábricas. Um operário que recebia (...) 16 rublos por semana na fábrica era pago, pelo mesmo trabalho, na pequena loja, 10 ou 9 rublos. Mesmo fazendo o possível, essas pequenas lojas podiam empregar apenas pequena parte dos desempregados.[37]

O ciclo se completa. O desemprego e a excessiva miséria forçam o operário a buscar soluções fora de sua condição. Isso não vai solucionar o problema econômico: à exceção dos donos de loja "vitoriosos", e esses são poucos, a situação dos outros piora. Não será resolvido também o problema social como um todo, pois não era viável uma simples volta do operariado para o artesanato. Pelo contrário, os problemas da relação entre o operariado judeu e o russo, estimulados pela atitude preconceituosa deste e pelo separatismo daquele, só pioravam. Isso ocorria como resultado da contradição desencadeada e conduzida pela estrutura de poder, em que *trabalhadores russos e judeus não eram mais do que vítimas, mas se viam como competidores.* Como se a História marchasse para trás, no caso do judeu proletário, o resultado era, com frequência, *uma desproletarização, junto a uma rejudaização.*

"Rejudaizados" também eram elementos de outras faixas sociais.

Rejudaização indesejada

O processo de desenvolvimento capitalista e a urbanização desempenham papel primordial no processo de diferenciação social sofrido pelo povo judeu. O final do século não vai mais encontrar um povo/classe, um grupo de intermediários, mas industriais e operários, pequenos comerciantes, financistas e até agricultores e músicos, enfim, atividades que engendram interesses diferentes e até opostos e não apenas convergentes, como ocorrera durante séculos. A saída do *shtetl* será, contudo, lenta, muitas vezes consumada apenas pela geração seguinte, aquela que busca os bancos de estudo laicos, inclusive os da universidade. O processo de "assimilação",[38] embora comum, não é a regra; o desligamento do grupo se dá de maneira gradual. O que ocorre é uma mirada esperançosa em direção ao iluminismo, maneira paulatina de se adequar ao século XIX, por parte daqueles que tinham ainda um pé no mundo pré-capitalista do *shtetl*.

O namoro com o iluminismo teve várias facetas, chegando a significar, para alguns judeus, adesão ao pan-eslavismo, que era moda na Rússia de então.[39] Mas, no geral, foi uma tentativa de legitimar no nível das ideias a ascensão social que se lhes havia proporcionado. O lema clássico do iluminismo judaico, "Sê um judeu no lar e um homem na rua", foi envelhecendo, na medida em que as pessoas queriam agir como ocidentais também em casa. Mas no processo dicotômico de homem/judeu, foi possível fazer ressurgir o hebraico e legitimar o iídiche que se eleva de jargão à língua literária. Alguns membros da *haskalá* (iluminismo, em hebraico) chegam a produzir obras importantes e originais, como é o caso de Nachman Krochmal com seu *Guia dos perplexos do nosso tempo* (a referência é à obra de Maimônides, *Guia dos perplexos*).

Esses intelectuais, entretanto, não seriam aceitos pela sociedade russa como iguais. Na verdade, enfrentavam uma situação complexa. Por um lado, estava a autocracia czarista que lutava para se perpetuar, e até acenava para os judeus emancipados com a possibilidade de eles serem vistos como "autênticos" russos. Por outro, a elite intelectual russa via os judeus como... judeus, não como russos, e utilizavam esse viés para deixá-los à margem de manifestações culturais importantes, salvo poucas exceções. *O "judaísmo" dos miseráveis lhes era atirado ao rosto, como sendo sua própria essência disfarçada.* Seu judaísmo era cobrado. O caminho para sua "legitimação" enquanto russos lhes era dificultado e até barrado a partir dos anos 1880, quando mais judeus começam a aparecer nos espaços que antes lhes eram vetados.

O antissemitismo explode. De uma forma tão brutal, que levava, às vezes, os judeus a duvidarem até da possibilidade de sobreviver. Um grande poeta, Bialik, reflete essa sensação em vários poemas, notadamente em "A Cidade da Matança", que retrata a cidade após um *pogrom* (perseguição a um povo, particularmente o judeu, com violência e eventuais massacres):[40]

> (...) E fugirás de lá e virás a um pátio e verás um montículo,
> Sobre este montículo dois foram degolados: um judeu e seu cão
> O mesmo machado os despedaçou e numa mesma poça
> foram lançados e na mescla de seus sangues
> chafurdam os porcos.
> Amanhã será a chuva e arrastará o sangue
> a qualquer enxurrada e ele já não gritará mais;
> e se perderá no grande precipício
> ou alimentará algum pobre arbusto,
> e tudo voltará a ser como foi
> e tudo será como se nada tivesse sido.
> (...)

Os massacres são tão violentos – exatamente em um momento em que os judeus começam a sair de sua vida segregada – que mesmo historiadores judeus têm dificuldade de entendê-los. Basta consultar alguns livros que venho citando para constatar isso. De fato, o que queriam os diferentes Nicolaus e Alexandres, czares da Rússia? Flutuando ao acaso, sem referências, certos historiadores optam por criar "categorias explicativas" sem nenhum sentido, como "loucuras individuais" e "antissemitismo inerente a certos povos", especialmente russos e ucranianos.

O *pogrom*,
frequentemente estimulado pelo governo czarista,
transformava os judeus sobreviventes em errantes.

O PERÍODO DE TRANSIÇÃO

Cronistas e historiadores judeus têm explicado a Antiguidade a partir da "maldade" de um Nabucodonosor e da "bondade" de Ciro, rei da Pérsia; da "simpatia" de Alexandre da Macedônia ou do caráter autoritário dos reis selêucidas. Não há meios-tons, o cinza inexiste: ou bem o governante é bom, ou seja, favorece o povo judeu; ou prejudica e, portanto, é mau. Esse tipo de julgamento é incompatível com a análise histórica e pode levar a erros graves de análise. No caso específico de Nabucodonosor (sempre apresentado como mau) e Ciro (aparecendo na fita como o bom) há um provável equívoco sério de julgamento. O chamado exílio babilônico não atingiu a maior parte da população, mas apenas os mais poderosos, ligados ao poder político e ao Templo de Jerusalém. O retorno promovido por Ciro criou problemas sociais que desembocaram no desenvolvimento de um judaísmo "de oposição", contrário aos sacrifícios de animais no Templo e ao privilégio de famílias próximas do poder. Mas, como a narrativa oficial foi escrita por gente ligada ao poder, os persas são retratados como "mocinhos" e os babilônios como "bandidos".

Na verdade, *as contradições da política russa relativamente aos judeus estão ligadas às contradições do próprio desenvolvimento capitalista*. No começo do século XIX, após superar a "desconfiança pré-capitalista" de Catarina, houve tentativas no sentido de transformar o judeu em bom produtor agrícola. Mais tarde, o surto industrial passou a lançá-lo, junto com outros russos, às cidades, para formar o exército industrial de reserva. Em seguida, dentro da miséria causada pelo desemprego crônico de parte da população, os judeus são responsabilizados sob a alegação de que estariam ocupando lugar dos russos, ou explorando-os. A aceitação da ideia da culpabilidade do judeu está ligada a valores culturais/religiosos bastante arraigados na população russa, é claro, mas a manifestação dos sentimentos precisa ser compreendida num contexto histórico bem determinado.

De fato, ocorria um desenvolvimento econômico que marginalizava a maior parte da população. Ao aplicar uma política antijudaica, o governo russo encontrava um "culpado" de fácil identificação. Afinal, o judeu tinha uma religião diferente, não aceitava Jesus como divindade (era até acusado de ter responsabilidade em sua morte), falava outra língua, seguia tradições bastante "suspeitas", como a circuncisão, e vivia em grupo. Por outro lado, disputava os empregos – ou tentava disputá-los, apenas – e "explorava" o russo, lucrando nas trocas comerciais ou obtendo juros sobre empréstimos efetuados (como se os não judeus não fizessem o mesmo). *Não era difícil para o governo czarista escamotear o atraso econômico e social do país atribuindo a responsabilidade ao judeu.* Grandes massas foram levadas a considerá-lo o verdadeiro inimigo, não o sistema opressivo do czarismo que era politicamente autocrático e economicamente discriminador.

Sabe-se, atualmente, que muitos *pogroms* foram organizados pelos governantes locais ou mesmo pelo poder central russo. Sabe-se também que, em alguns casos, as autoridades tentaram minimizar os efeitos das matanças. Analisando, friamente, a situação, tanto a social-democracia russa quanto o Bund atribuíam as perseguições à falta de esclarecimento das massas e a uma realidade político-econômica que deveria sofrer uma mudança estrutural.[41] É comum nos escritos da época ler-se que o antissemitismo representava uma "falsa consciência" das massas, portanto, tinha caráter ideológico.

O PERÍODO DE TRANSIÇÃO

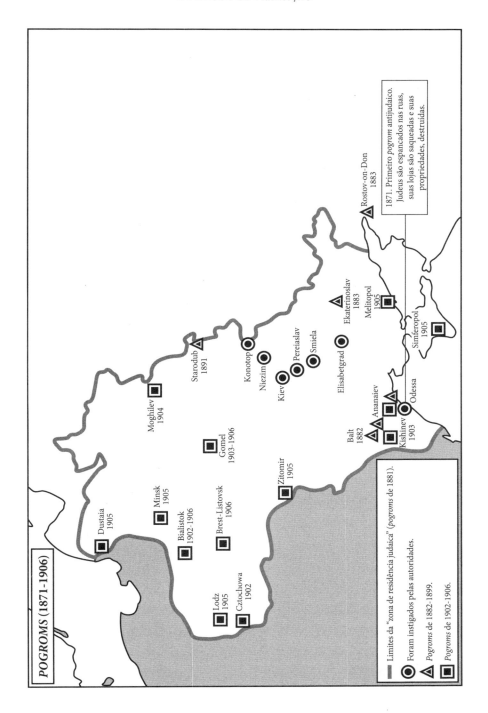

Apesar disso, pela amplitude que alcançaram, as perseguições tiveram profunda influência sobre a elaboração de teorias separatistas entre os judeus. Sua marginalização, de caráter bastante diferente daquela que ocorrera no mundo feudal, reflete agora contradições da sociedade capitalista.

Os caminhos da redenção

No final do século XIX, a situação dos judeus estava muito distante de fazer jus às esperanças que tinham sido vislumbradas nas primeiras décadas. Melhor dizendo, a diferenciação característica do capitalismo afetara de forma negativa a maior parte da população judaica. A industrialização que, em seus primórdios, tinha exigido o trabalho artesanal do judeu vai superá-lo (superando o trabalho artesanal, supera o judeu como peça necessária), engendrando-o e marginalizando-o rapidamente, criando a miséria institucionalizada.

Dados de 1898 dão conta de que, em Odessa, 11% e, em Ekaterinoslav, 22% dos artesãos judeus viviam graças às instituições beneficentes.[42] O relatório afirma que a expulsão por fome e falta de trabalho dos judeus de aldeias em que viviam e o fraco desenvolvimento industrial da região noroeste do país produzem grupos sociais que não conseguem ajustar-se na economia e são, por isso, reduzidos à miséria. Os dados são impressionantes. Vejam-se os quadros seguintes:

Distritos	Porcentagem de famílias de judeus indigentes
Kalisz, Varsóvia	14%
Táurida	16%
Minsk, Vitebsk	17%
Podólia, Poltava	20%
Lublin, Vilna, Grodno	22%

O PERÍODO DE TRANSIÇÃO

O mais grave é que o número de indigentes não era estático; aumentava à medida que o século se aproximava do seu final. O quadro abaixo mostra o número de solicitações de ajuda para *Pessach*, em várias cidades da *pale* (a "zona residencial judaica"). Observemos como é crescente o volume de famílias incapazes de realizar, sem auxílio, a ceia que lembra a saída dos judeus do Egito sob a liderança de Moisés e que é fundamental como elemento de identidade de grupo.

Número de famílias solicitando auxílio				
Cidades	1894	1895	1896	1897	1898
Lodz	3.594	3.801	3.562	4.627	5.301
Dwinsk	1.326	1.218	1.548	1.548	1.996
Minsk	1.452	1.430	1.532	1.562	1.719
Vilna	3.785	3.977	3.658	4.570	4.830
Kovno	750	860	950	1.150	1.465
Kherson	758	758	758	826	865
Elisabetgrad	782	778	822	1.168	1.300

O auxílio era prestado pela comunidade – às vezes até com a colaboração de sacerdotes católicos. A miséria era tamanha que, mais do que elemento de integração, a ceia funcionava como oportunidade de fazer uma boa refeição... Nos países do Ocidente, campanhas eram continuadamente realizadas visando a amenizar a sorte dos miseráveis, particularmente após algum problema especial.[43]

Transformado em força de trabalho disponível, o judeu da *pale* tenta viver, inicialmente, na Europa Ocidental. Importante notar que o século XIX vai caracterizar-se por um fluxo migratório destinado a regiões mais desenvolvidas, ao contrário do que vinha, de maneira geral, ocorrendo até então.

A atitude dos judeus da Europa Ocidental com relação à situação dos judeus russos era paradoxal. Nos países mais desenvolvidos, os judeus, buscando sua integração na sociedade burguesa, lutavam pela emancipação política, pelos direitos de cidadania. Sentiam-se *iguais* e como iguais queriam ser tratados. Vestiam-se da mesma forma que os não judeus, comunicavam-se na língua local em detrimento do iídiche, adaptavam seus hábitos religiosos às suas necessidades sociais. A vinda de judeus miseráveis com longos capotes pretos, chapéus e barbas, falando iídiche e praticando a religião de forma ortodoxa dava oportunidade aos não judeus de nivelar – em nome de uma hipotética "essência judaica" (ou, como diria mais tarde Hitler, do "verdadeiro judaísmo") –[44] judeus russos e franceses, massas proletarizantes e burgueses.

E aí estava o paradoxo, a dupla lealdade da burguesia judaica ocidental. De um lado, a identificação burguesa, como homens reais que eram. Do outro, a existência de pressões externas empurrando para a identificação judaica.

É quando aparecem ou se ampliam inúmeras entidades destinadas a auxiliar os pobres, desde que, preferencialmente, eles não permanecessem nos países de onde o benefício se originava. "Tome seu prato de sopa, passe uma noite entre cobertores quentinhos, pegue algum dinheiro, sua passagem e siga viagem" – esta a linha adotada pela filantropia judaica ocidental. Mais uma vez a atitude dos grupos precisa ser compreendida a partir de seu papel social.

Mas o problema não seria liquidado tão facilmente. Destinada, pela sua natureza, a engendrar minorias, a sociedade capitalista não perderá a oportunidade para "rejudaizar" o assimilado judeu ocidental. Este, por seu turno, atribuirá ao miserável judeu sua indesejada "rejudaização". Que não cessa, nem mesmo quando a Europa é trocada pela América, como meta do emigrante.

Desde a década de 1840, a emigração judaica da Europa Oriental em direção à América torna-se expressiva. Até 1880, cerca de 200 mil pessoas emigraram, segundo cálculos de Lestchinsky.[45] O número vai

O PERÍODO DE TRANSIÇÃO

crescendo com a aproximação do final do século, já que nos últimos 20 anos as cifras falam de mais de 600 mil emigrantes. Naquela altura dos acontecimentos, a palavra "América" já fazia parte do sonho dos judeus russos. A consciência de que o Velho Lar, *Alter Heim* – referência indireta ao *shtetl*, a cidadezinha onde se respirava *idishkait* (judaísmo) – estava-se desfazendo. Cada vez maior número de pessoas aceita abandonar uma região em que, por séculos, os judeus tinham vivido e tentar a aventura do outro lado do oceano. Não era uma opção fácil. Ocorria dentro de mecanismos que não diferiam muito daqueles que levavam muitos outros europeus ao mesmo destino: às vezes viajava a família toda junta, mas, muito comumente, o chefe da família ia na frente para "arranjar a vida" e, depois, trazia mãe e filhos. Recorda Mary Antin, autora americana em seu conhecido *A terra prometida*:

> Antes do pôr do sol, toda Polotzk já sabia que Hannah Hayye tinha recebido um bilhete de vapor para a América. Então, eles começaram a chegar. Amigos e inimigos, parentes distantes e novos conhecidos, jovens e velhos, inteligentes e ignorantes, devedores e credores e meros vizinhos – de todos os bairros da cidade, de ambas as margens do Dvina, do outro lado do Polota, de lugar nenhum – uma corrente constante deles vertia em direção à nossa rua, dia e noite, até a hora da nossa partida. E minha mãe dava audiência. Seu lenço desbotado, mal cobrindo sua cabeça, seus negros cabelos esvoaçantes, seu avental frequentemente levado aos olhos, recebia suas visitas num arco-íris de risos e lágrimas. Ela era a heroína de Polotzk e se conduzia apropriadamente. Agradecia cordialmente as congratulações e bênçãos que se derramavam sobre ela; lágrimas prontas para condolências; respostas pacientes e perguntas monótonas; apertos de mão, beijos e abraços ela dava grátis. (...)
> E assim sofrendo, temendo, chocando-se, alegrando-se, arrastávamo-nos cada vez mais perto, em direção à ansiada coisa, até que, numa gloriosa manhã de maio, seis semanas após nossa partida de Polotzk, nossos olhos alcançaram a Terra Prometida e meu pai nos recebeu em seus braços.[46]

Há, na maior parte dos relatos, vários deles muito bem escritos, um tom em que se misturam alegria e tristeza, a consciência de se ter abandonado a *terra* e a esperança de explorar novos horizontes, mais promissores. De fato, o profissional, o artesão, encontrava com o que viver. O extraordinário desenvolvimento americano logo incorporava essas pessoas que, por sua vez, atraíam outras, numa cadeia que tomava a forma de verdadeira progressão geométrica.

O sonho americano representou a saída para milhares de judeus perseguidos na Europa e provocou a emancipação de muitos.

O PERÍODO DE TRANSIÇÃO

Como recorda Sholem Aleichem,

> Krassilevke em peso transferiu-se de armas e bagagens para cá, para a América. Depois que partimos de lá, o terror, a agitação e a correria tomaram conta de tudo, dizem eles. Irrompeu, dizem eles, um terrível *pogrom*, uma carnificina e um incêndio tremendos, a cidade inteira foi destruída pelas chamas.[47]

Miséria e perseguição.

Não por acaso três quartas partes dos emigrantes eram desqualificados profissionalmente, não haviam tido a oportunidade de ser incorporados pela sociedade russa. Eram os *lúmpen*, subproletários que viviam de expediente e tinham todos os seus sonhos voltados para um mundo novo. Os outros, os trabalhadores, mesmo na América, sentiam-se comprometidos com o movimento social na Rússia, como mostra esta carta à redação de um jornal judeu em 1906:

> (...) Agora eu peço seu conselho. Não posso decidir se devo cumprir meu dever com meus pais e irmã, trazendo-os para a América, (...) ou voltar para a Rússia e ajudar meus irmãos em sua luta.[48]

Mas a solução migratória não conseguia resolver o problema de todos, por mais expressiva que fosse. Houve forte emigração, mas no século XIX a Rússia passou por importante aumento populacional, com o crescimento da miséria. Sim, houve alguma assimilação, mas a população judaica à margem da economia também cresceu. Migração e perda de identidade judaica não foram solução para todos. Outras vias seriam tentadas; *teorias procuraram resolver o problema da miséria judaica, pelo menos no papel.*

A especificidade do desenvolvimento do capitalismo na Rússia, articulada com a característica da cultura do *shtetl* em desagregação, vai proporcionar o reforço de um ideal apenas sonhado e sutilmente esboçado ao longo dos séculos. *Aos poucos, os esboços de um projeto nacional vão tomando contornos mais nítidos, embora ainda multiformes.* Ahad Haam, Dubnow e o Bund são propostas anacrônicas, derrotadas pela História. Mas a História não é construída apenas por vencedores.

OS JUDEUS

Notas

[1] O material estatístico que informa meu trabalho baseia-se no excepcional levantamento feito pela ICA (Jewish Colonization Association) e publicado originalmente em russo (1904) e depois em francês. *Récueil de Matériaux sur la situation économique des israélites de Russie (d'après L'énquête de la Jewish Colonization Association)*, Paris, Félix Alcan, éditeur, 1906/1908. Este material foi objeto de excelente resumo na *The Jewish Enciclopedia*. Funk e Wagnalls, 1907, New York and London, verbete *Rússia*. Foi onde teóricos como Borochov encontraram base para seus conceitos relativos à realidade social judaica na Rússia e região.

[2] Sholem Aleichem, "A cidade da gente miúda", *in A paz seja convosco*, p. 288.

[3] "Les Artesans dans l'ouest de la Russie", *in Récueil* etc., p. 241-243.

[4] Vide *Nouveau dictionnaire hébreu-français*. p. 635.

[5] Cf. *Pinkes fun der shtot Prújene* (em iídiche), G. Urinsky *et al.*, Pruzhany, 1930, *passim*.

[6] Issac Levitats, *The Jewish community in Russia* (1772-1884), p. 128.

[7] "O manjar do rico", *in* M. Buber, *Histórias do rabi*, p. 335.

[8] Transcrito de Jaime Pinsky (org.), *Textos para história moderna do povo judeu*, p. 36-39.

[9] A respeito do *heder*, veja-se Yekhiel Shtern, "A Kheider in Tyszowce (Tishevits), *in Yivo*, vol. 5, p. 152-171. Veja-se também de Charles L. Ozer, "Jewish education in the transition from gueto to emancipation", *in História Judaica*, vol. 9, e, como contraste, Isaac Deutscher, *O judeu não judeu e outros ensaios*.

[10] Yekhiel Shtern, *Op. cit.*, p. 156.

[11] *Idem*, p. 159-160.

[12] *A paz seja convosco*, p. 136-137. Ver também descrições muito parecidas em autores tão diferentes como Deutscher, *Op. cit.*, p. 12-13 e Shtern, *Op. cit.*, p. 169.

[13] Sholem Aleichem, *Op. cit.*, p. 81.

[14] Swislocz, "Portrait of a Shtetl", *in Voices of idisch*, p. 93.

[15] Sholem Aleichem, *Op. cit.*, p. 207.

[16] Para uma interessante descrição de um *shtetl*, vide Swislocz, *Op. cit.*, p. 87-108.

[17] Trotsky, *1905*, tomo I, p. 23-24.

[18] Uma visão global do problema pode ser encontrada no livro de R. Portal, *Os eslavos: povos e nações*.

[19] Vide Jaime Pinsky, "Ideologia sionista", *in Debate e Crítica* n° 2, p. 81.

[20] Lênin, *El desarrollo del capitalismo en Russia*, p. 449.

[21] A propósito vide Lênin, *Op. cit.*, p. 608-613.

[22] Os dados utilizados originam-se de *Recuéil des materiaux sur la situation économique des israélites de Russie*, tome I, Aperçu general sur l'agriculture, p. 47-57.

[23] Tabela cf. Lestchinsky, *The Jews in the cities of the Republic of Poland*, p. 169.

[24] Cf. Pinsky, "Ideologia sionista", *cit.*, p. 81.

[25] É o que sugere o já citado Sombart.

[26] Lev Ossipovich Mandelstam, "From *shtetl* to the capital", *in* Lucy D. Dawdowicz (org.), *Jewish life and thought in eastern europe*, p. 72.

[27] *A paz seja convosco*, p. 371. A "Páscoa judaica" comemora a saída de Moisés do Egito e é virtuoso o judeu que ajuda outro a ter uma boa ceia nessa noite.

[28] A propósito, da situação operária dos judeus, verificar *Recuéil des materiaux sur la situation économique des israelites de Russie*, especialmente "La grand industrie e l'artesanal". Em termos de bibliografia, convém consultar E. Mendelsohn, *Class struggle in the Pale* e H. J. Tobias, *The*

Jewish Bund in Russia. Cabe consultar, especialmente, *Der Idisher arbeter* e *Der arbe ter shtime*, jornais bundistas, fundamentais como documentação do assunto.

[29] Vide *Récueil...*, "Les Artesans Juifs". p. 236 ss. Os dados seguintes são tirados da mesma fonte.

[30] Alimentação de acordo com os preceitos da religião.

[31] *Récueil...*, "La grand industrie", p. 204-205.

[32] *Idem*, p. 199.

[33] Vide jornal *Der Idisher Arbeter*, especialmente 1900-1901.

[34] Curioso como há preocupação em combater esse mito – o que só atesta sua importância – por parte dos mais diferentes trabalhos, desde o já citado Relatório da ICA até autores sionistas, como Herzl e Borochov.

[35] Veja-se vários relatos desse tipo em Ezra Mendelsohn, *Op. cit.*, p. 21-22.

[36] O caso das "Congregações" norte-americanas, dos clubes no Brasil e das "entidades de serviço" na Alemanha.

[37] Abraham Ain, "Swislacz: portrait of a shtetl in Howe and Grenberg", *in* Irving e Eliezer Greenberg (ed.), *Voices from the Idish*, p. 108.

[38] Mantenho o termo "assimilação" no sentido que recebe na literatura e historiografia judaicas, isto é, perda de identidade judaica.

[39] Vide Hans Kohn, *Reflexões sobre a História Moderna*, especialmente os capítulos 12, 14 e 16, e *Nationalism, its meaning and history*, p. 66-67.

[40] Chaim Nachman Bialik, "The City of Slaughter", *in* Robert Chazan e Marc Lee Raphael, *Modern Jewish History a source reader*, p. 116-124.

[41] A propósito, leia-se o relato de Medem, sobre seu debate com Trotsky, em 1901, relativamente ao problema em V. Medem, *Fun main Leben* (em iídiche), p. 8-9.

[42] Esses dados e os seguintes sobre o assunto, vide em *Récueil...*, "Misère et bienfaisance", p. 213-229.

[43] Vide, p. ex., o jornal *The Jewish Chronicle*, de Londres, datado de 6 de setembro de 1861, que estampa, em sua primeira página, longa lista de doações feitas por judeus ingleses com a finalidade de "socorrer nossos pobres irmãos de Rawa (Polônia) que se viram privados de todos os seus bens destruídos 'por um incêndio'".

[44] Muito ilustrativo, a este respeito, o interessante filme *O judeu eterno*, de propaganda antissemita, produzido pela Alemanha nazista logo após a invasão da Polônia e destinado a mostrar aos alemães a "verdadeira face dos judeus".

[45] Vide Lestchinsky, *in* Henrique Rattner, *Nos caminhos da diáspora*, p. 77.

[46] Chazan e Raphael, *Op. cit.*, p. 130-141.

[47] Sholem Aleichem, *A paz seja convosco*, p. 429.

[48] Chazan e Raphael, *Op. cit.*, p. 177.

Teorias de transição

Um ideal político que não seja alicerçado em nossa cultura nacional poderá ser capaz de engendrar em nós a tendência de procurar o caminho da glória na consecução do poder material, minando nossa base histórica.

Ahad Haam

O ESPIRITUALISMO
DE AHAD HAAM

Ahad Haam é o pseudônimo pelo qual se tornou conhecido Asher Guinsberg, nascido em Skvira, província de Kiev, a 18 de agosto de 1856. Ahad Haam, em hebraico, significa "um do povo", modéstia que suas ideias explicarão.

Sua família, de tradição hassidista, gozava de bom padrão de vida, uma vez que, junto com a mística, seu pai cultivava seus negócios. Isso permitiu ao jovem Asher uma boa formação intelectual, embora pouco ortodoxa, já que se preocupava mais com a biblioteca do pai do que com o *heder* (que não concluiu) ou com a *ieshivá* (que nem começou). Completou seus estudos – autodidata que foi – com o pensamento ocidental de Darwin, Spencer e alguns outros que vieram a ter grande influência em sua obra.

Em 1884, mudou-se para Odessa, então centro da intelectualidade judaica, quando participou de reuniões em casa de Leon Pinsker, que acabara de publicar o seu opúsculo *Autoemancipação*. Fracassando como comerciante – e arrastando seu pai à bancarrota –, Asher se vê sem alternativa senão, como ele mesmo afirma, "escrever para ganhar seu pão" e o das crianças. De acordo com o costume entre os *hassidim*, ele havia se casado quando tinha apenas 17 anos.

Quando publica, em 1889, *Não é este o caminho*,[1] coloca em discussão a colonização da Palestina como tinha sido pensada pelos *hovevei zion* de Pinsker. Funda uma revista (*Hashloah*) em 1897, destinada a se tornar a mais expressiva publicação em hebraico até então. Cria ainda uma sociedade secreta – Bnei Moshé (Filhos de Moisés) –, com a finalidade de conceber, criticamente, a melhor forma de estabelecer judeus na Palestina.

Ahad Haam.

Ahad Haam opôs-se ao "sionismo político" de Theodor Herzl, mesmo quando seu próprio movimento se viu esvaziado pela adesão de grande parte dos membros à proposta de Herzl. É verdade que sua derrota não diminuiu sua respeitabilidade, também é fato que não havia mais espaço para um ideário como o seu. A morte de Ahad Haam ocorre a 2 de janeiro de 1927 em Tel Aviv. Suas ideias morreram com ele.

A solução nacional

Ahad Haam afirma, no artigo "O Estado judeu e o problema judaico",[2] que a reunião dos dispersos na Palestina é uma tarefa tecnicamente impraticável e culturalmente indesejável: a existência de judeus em muitas nações continuará sendo um problema, e seu padrão de vida dependerá "das condições econômicas e do nível cultural das várias nações entre as quais estamos dispersos". De onde – conclui – a solução do "problema judaico" não pode ser encontrada no nível material, senão no espiritual. Mesmo assim, o "problema judaico" se coloca de forma diferente na Europa Ocidental e na Oriental. O judeu ocidental, saído do gueto e procurando a aceitação social junto à maioria não judaica, sente-se infeliz quando isso não acontece. Tenta então voltar-se a seu povo, mas o horizonte que a comunidade lhe oferece não mais satisfaz seu nível de aspiração. Isso ocorre no nível político, social e mesmo cultural, já que sua educação o distanciou do judaísmo.

> Neste dilema, volta-se, pois, para a terra de seus antepassados e imagina que bom seria se lá fosse restabelecido um Estado Judeu, um Estado e uma sociedade organizados exatamente pelo modelo de outros Estados.[3]

O fato de nem todos partirem para o Estado Judeu legitimaria a cidadania dos que permanecem no exílio e levantaria seu prestígio, não mais considerados como servos da hospitalidade alheia. O simples vislumbrar dessa solução já faria bem ao judeu da Europa Ocidental, uma vez que o seu problema, que é o complexo de inferioridade, resolve-se com o aceno da solução.

Já para o judeu oriental a questão é outra. O *Hibat Zion*, embora movimento político, surgiu para resolver problemas bem concretos, que belas frases não podem solucionar. Tentando a solução via colonização da Palestina, o movimento sentiu a limitação que a prática impunha à sua teorização. Mas as ideias, no caso, vieram a reboque de um problema pungente, que é a própria realidade vivida pelo judaísmo oriental. No processo de resolução do problema material, o povo percebeu que a questão era de outra ordem: espiritual.

Assim, dois são os problemas:

> No Ocidente, é o problema dos judeus. No Oriente, o problema do judaísmo. O primeiro oprime o indivíduo; o segundo, a nação. Um é sentido por judeus de educação europeia; o outro, por judeus de educação judaica. Um é produto do antissemitismo e depende dele para existir; o outro é um produto natural de um apego verdadeiro e uma cultura milenar e permanecerá insolvido e insolúvel mesmo que os transtornados judeus de todo o mundo atinjam posições econômicas confortáveis, estejam nas melhores relações com os seus vizinhos e sejam admitidos como iguais, tanto social quanto politicamente.[4]

Estado Judeu ou Estado de judeus?

Surge a contradição. O espírito judaico quer permanecer, quer entrar em contato com outras culturas como – ao longo da História – entrou até agora, porém não quer ser absorvido por outras culturas, mas sim absorvê-las, incorporá-las ao judaísmo. Daí o dilema: o judaísmo não pode mais tolerar a forma de marginalização a que tem sido submetido, mas, em liberdade, corre o perigo de deixar de existir. Para solucionar o impasse, deve haver um retorno ao seu centro histórico.

> Não necessita de um Estado independente, mas apenas da criação, dentro de sua terra nativa, de condições favoráveis ao seu desenvolvimento: uma colônia de bom tamanho de judeus a trabalhar sem obstáculos em todos os ramos da civilização, desde a agricultura e o artesanato até a ciência e a literatura. Esta colônia judaica, que crescerá gradativamente, se tornará, no correr do tempo, o centro da nação, em que o espírito irá encontrar pura expressão e progredir em todos os seus aspectos ao mais alto grau de perfeição de que é capaz. Então, a partir deste centro, o espírito do judaísmo irradiará para a grande circunferência, para todas as comunidades da Diáspora, inspirando-lhes nova vida e preservando a unidade global de nosso povo. Quando nossa cultura nacional na Palestina houver atingido este nível, podemos confiar em que há de produzir na própria Terra de Israel homens que serão capazes, num momento favorável, de estabelecer aí um Estado – não simplesmente um Estado de judeus, mas realmente um Estado Judeu.[5]

Ahad Haam assim define a impossibilidade da incorporação do "sionismo político" por parte dos judeus da Europa Oriental, na medida em que o próprio crescimento do sionismo constituir-se-ia em ameaça ao seu judaísmo: já que os grandes homens judeus são aqueles cuja educação e posição social afastam a espiritualidade do judaísmo, o Estado Judeu poderá ser um Estado de alemães ou franceses de origem judaica, se for por eles orientado. Ora, sem um trabalho importante de cunho cultural, a existência de um Estado soberano não adicionaria nenhum capítulo glorioso à história nacional: mais do que nunca, se trataria apenas de uma nação pequena e insignificante, pressionada e manipulada pelas grandes potências, sem personalidade e expressão.

A longa referência ao pequeno artigo de Ahad Haam parece-me fazer sentido, na medida em que as principais divergências que esse pensador tem com relação ao "sionismo político" afloram no texto. Mas em muitos outros novas ideias seriam apresentadas. Em "Carne e espírito", Ahad Haam lembra que a corrente materialista no judaísmo foi derrotada desde os tempos da Casa de Davi e o que prevaleceu foi uma concepção espiritual do judaísmo, haurida da visão ética dos profetas. Isso é que, na sua opinião, teria permitido a permanência do povo judeu *"apesar* da História". Afirma ainda que

> (...) o segredo da persistência de nosso povo é que os profetas ensinam-nos a respeitar o poder espiritual e a não cultivar o poder material. Um ideal político fora de nossa cultura nacional é capaz de nos desviar da lealdade ao nosso próprio espírito interno.[6]

Ideologia

Chamo a atenção para a forma com que Ahad Haam trabalha com conceitos como "nação", "cultura" e "espírito". Para ele, há um *espírito judaico* que se manifesta através da *cultura* da *nação* judaica. Esse espírito, de origem profética, mas cristalizado pelos sacerdotes, teria permanecido ao longo dos séculos e se constituiria na verdadeira mensagem que os judeus teriam para o mundo. A cultura, em sua essência, teria permanecido a mesma desde os tempos proféticos, sofrendo alterações formais e pequenos ajustamentos aqui e ali. Para ele, a permanência do "espírito" sobre a "matéria" na história pregressa era a garantia da continuidade nacional no futuro. Dessa forma, a cultura judaica é descolada do mundo real em que foi engendrada ou em que vive, e passa a ser uma categoria autoexplicativa. Assim, a perenidade da cultura é explicada por seu desligamento do modo de produção que a engendrou, e a cultura real é substituída por uma cultura ideal em que até o negociante e o prestamista judeus tornam-se depositários da sede de justiça social e da igualdade que caracterizam o pensamento de um Isaías ou de um Amós.[7]

Quando Ahad Haam fala de uma cultura abstrata, que pretende concreta, teria que escolher: ou bem ela é idealizada – e por isso inexistente no plano real – ou bem é real – e por isso existente agora na Europa Oriental. Na verdade, se optasse apenas pelos valores ideais, não teria como concretizá-los, nem era essa sua preocupação. Aquilo a que ele se propôs foi, a partir da cultura dos judeus da Europa Oriental, chegar à Verdade e, mais que isso, à Justiça, que para ele seria a mensagem básica do profetismo e do judaísmo.

Ahad Haam viveu o período de longa desagregação e agonia do *shtetl*. Como já mostrei em capítulo anterior, o desenvolvimento do capitalismo na Rússia afetou duramente as antigas formas de existência judaica. Em parte fruto dela e em parte da sociedade capitalista – e por isso não estamental, não corporativa –, Ahad Haam flutua entre os diferentes níveis de solidariedade. Não é mais o homem do *shtetl*, mas representa seu ideário, sonha e idealiza a cidadezinha apesar de sabê-la condenada. O judeu ocidental, em busca da assimilação, é o futuro detestado, a desagregação total, tentativa frustrada de incorporação repelida pelo *gói*[8] burguês.

Ahad Haam nega o Estado Judeu proposto por Herzl, não por sua impraticabilidade, embora use também esse argumento. O que não pode aceitar é um ocidental dirigindo um Estado que se diz judeu e no qual os valores da cultura judaica – leia-se, agora, do *shtetl* – não sejam cultivados. Há que se reforçar a cultura judaica – brada. Há que se incorporar o judeu do *shtetl* no mundo moderno (leia-se sociedade capitalista) – alega. Não percebe que há uma incompatibilidade entre os dois. A cultura judaica que prega é a engendrada pelo *shtetl* e só pode viver integralmente nele. Nem Brooklyn, nem Bom Retiro, nem ruas estreitas de Mea Shearim[9] poderão reconstruir aquele mundo mágico que Sholem Aleichem recorda e Ahad Haam idealiza. *A saída do judeu do shtetl é a morte da solidariedade pré-capitalista, o fim da "atmosfera judaica".*

A questão da validade de um Estado Nacional judaico, ou apenas de judeus, é, no fundo, um falso problema. A morte de Ahad Haam, respeitado, mas sem seguidores, é o apagar definitivo de uma chama teimosa, mas já pouco luminosa.

OS JUDEUS

O AUTONOMISMO DE DUBNOW

Encontramos apenas um exemplo de um povo
que tem sobrevivido por milhares de anos apesar da dispersão
e da perda da terra natal, o povo de Israel.

Dubnow

Os pais de Simão Dubnow eram comerciantes bastante modestos que tentavam sobreviver na cidadezinha de Mstislav, na província de Mohilev, na Bielorrússia. Sua família, entretanto, orgulhava-se de seus rabinos e estudiosos, inclusive seu avô Ben Tzion, pregador e talmudista, que muita influência exerceu sobre o jovem Simão.

Dubnow nasceu a 10 de setembro de 1861. No início, sua educação obedeceu aos cânones impostos aos garotos judeus da época: desde tenra idade, o *heder*. A aplicação e a disciplina de estudo que esse tipo de educação exigia foram, entretanto, utilizadas por Dubnow para conhecer outros escritos. Realmente, já com 12 anos tinha tido acesso às obras de iluministas como Mendelsohn, Kalmann Shulman e Peretz Smolenskin e ficara impressionado com elas. Já com 13 anos, quando de sua cerimônia de iniciação religiosa e comunitária, o *bar-mitzvá*,[10] recusou-se a fazer o discurso que lhe tinha sido determinado, a respeito de como os *tefilim* deviam ser colocados por um canhoto...

Tal heresia (!) provocou em toda a comunidade uma postura negativa com relação ao jovem estudioso. No ano seguinte, entrou na escola governamental judaica, onde teve, pela vez primeira, contato com língua e literatura russas e dos países ocidentais. E pela primeira vez encontrou uma visão contestatória de mundo, exatamente na obra de Boerne, judeu convertido ao protestantismo e tido como apaixonado arauto da liberdade.

A paixão de Dubnow pelos movimentos revolucionários não foi, contudo, suficientemente intensa para que pudesse se converter em adesão; mesmo mais tarde, intitulava-se "um reformista dentro dos quadros do judaísmo".[11]

TEORIAS DE TRANSIÇÃO

Sua tentativa de entrar na universidade frustrou-se. Foi reprovado em matemática. Como isso tivesse ocorrido após meses de estudo e provação – como conta em seu diário, meses a pão com arenque, regado a chá –, Dubnow desistiu de estudos universitários, tornando-se um autodidata.

A formação de Dubnow acaba virando uma colcha de retalhos, nem sempre muito bem arrematada, mas conta com a influência de alguns dos mais significativos pensadores do século. Na sua obra podem ser encontradas presenças nítidas de autores tão diferentes como Darwin – ele absorve o que consegue do evolucionismo do cientista –, Augusto Comte – e sua lei dos três estados – e mesmo alguns elementos nem sempre bem digeridos de Hegel.

Para legitimar sua visão de mundo, Dubnow passou a negar, de maneira que lhe pareceu radical, a forma pela qual seu avô via o mundo – leia-se, a visão do *shtetl* e da tradição judaica. Chegou até a se negar a ir à sinagoga nas Grandes Datas,[12] como narra em seu diário. Em 1884, publicou em uma revista o seguinte:

> Toda a "zona de residência judaica" está cheia de milhares de prisões de crianças. Estas são duplamente torturadas, física e espiritualmente. Jovens macilentos saem destas instituições. Eles nada sabem a respeito de infância, campos, pradarias ou céu azul; passam os melhores anos de sua infância entre quatro paredes, ar viciado, tensão espiritual demasiada para sua magra energia, sob o bastão de imbecis. Um enorme tesouro babilônico do saber é introduzido à força nos cérebros desses jovens. Nada lhes é dito a respeito do mundo real, acerca da vida e da natureza, mas apenas sobre o mundo do além e sobre a morte.[13]

Atrás de toda a aparência de rompimento total que sua atitude – a de negar-se a comparecer à sinagoga – ou que seus escritos pudessem supor, Dubnow nunca chegou a romper com suas origens. Não chegou a agir como um Pinsker – para quem a solução seria a de um território de concentração judaica –, e muito menos como um

Axelrod ou um Martov – para quem a solução da "questão judaica" deveria ter um caráter revolucionário a partir de uma mudança nas relações de produção, dentro da própria Rússia. Para Dubnow, não. Em seu pequeno texto "A doutrina do nacionalismo judaico", de seu livro *Cartas sobre o novo e o velho judaísmo,* o pensamento de Dubnow transparece claramente e sua identificação com o "velho" sob a capa do "novo" torna-se clara. Ela é apresentada da maneira que se segue.[14]

A mais-cultura

Há um processo de evolução nacional que caminha do material para o espiritual e da simplicidade externa para a complexidade interna. Nas culturas mais baixas, a diferença entre os povos tem, notadamente, caráter natural, enquanto nas mais elevadas, as principais diferenças são de caráter histórico-cultural. Com base nisso, podem-se encontrar os seguintes estágios na evolução dos tipos de nação:

1. o tribal;
2. o político territorial ou tipo autônomo;
3. o histórico-cultural ou tipo espiritual.

No primeiro estágio, temos apenas o grupo como produto da natureza, marcado pela origem comum de seus membros, e utilização comum do território e clima. A interação do homem com o meio ambiente, as necessidades econômicas que levam à cooperação, a linguagem comum, hábitos etc. passam a diferenciar uma tribo das demais. Estes elementos constituem a coesão social da qual advém o Estado. Uma vez chegando a este estágio, não se deve mais pensar o território apenas como *ambiente natural*, mas como *fator político* de identificação. Nesse estágio (o segundo), a cultura torna-se mais complexa, a vida social dá origem a ideias altruístas, a religião é elevada a uma visão compreensiva do mundo, o senso moral se expressa em ideias éticas e a língua se torna instrumento de intercurso espiritual e criação literária e científica, ao invés de simples modo de comunicação entre os componentes do grupo.

Para Dubnow, o completo desenvolvimento de uma nação ocorre quando ela perde as "características externas" que a protegem (independência política, território, Estado) e, apesar de tudo, continua mantendo vida social própria, autonomia interna, revelando inflexível determinação nacional.

Um povo nessas condições teria alcançado o estágio mais elevado da individualidade histórico-cultural, atingindo, no limite, o *tipo espiritual*. A História registra apenas um exemplo de um povo que resistiu durante milhares de anos à dispersão e à falta de território próprio: este povo único é o povo de Israel.

Dubnow prossegue afirmando não se constituir "milagre histórico" o fato de os judeus representarem um caso único; isto ocorreu simplesmente porque o destino histórico dos judeus os encaminhou a uma supervalorização dos elementos espirituais em prejuízo dos materiais. Assim, verdadeiros centros de energia nacional espiritual foram sendo instituídos na Babilônia (do século V ao XI), na Espanha (século XI a XV), Alemanha e Polônia (século XVI a XVIII). Em cada um desses centros, diferentes mecanismos sociais foram, paulatinamente, substituindo a perdida autonomia política pela possível autonomia cultural. Mesmo em estágio diferente de desenvolvimento ou de condições de existência, havia uma unidade na diversidade: "a nação como um todo, entretanto, vivia e se desenvolvia como uma só, como personalidade nacional definida, em todas as partes da Diáspora".[15]

Dubnow conclui reconhecendo que, graças a esse equilíbrio extraordinário, graças ao fato de os elementos de caráter cultural terem condições de compensar – de momento e com a mesma intensidade – os perdidos meios materiais de união é que os judeus puderam manter-se na História enquanto nação. A força interna (e só ela) é que permitiu enfrentar a pressão das nações conquistadoras. Onde as nações fracas se assimilam e deixam de existir, a forte se mantém.

A lei dos três estágios

Algumas dessas ideias reaparecem nas demais *Cartas*. Em *A ética do nacionalismo*, Dubnow afirma que, em muitos casos, é necessário limitar a autonomia de dois nacionalismos para que eles possam coexistir. Daí, conclui que

> o nacionalismo judaico é o que mais se aproxima desse ideal de coexistência do que qualquer outro, devido à sua natureza espiritual e ao seu desejo de somente defender-se e não de atacar e oprimir.[16]

Como corolário, Dubnow cria o conceito de nacionalismo, de acordo com sua especificidade.

Tipo positivo
1. individualidade nacional;
2. nacionalismo defensivo ou libertador.

Tipo negativo
1. egoísmo nacional;
2. nacionalismo opressivo ou esforço nacional para assimilação forçada.[17]

E conclui que, quando desaparecer o nacionalismo de caráter opressivo, a ideia nacional será inteiramente compatível com os ideais do internacionalismo.

Um dos mais significativos textos (se não o mais) de Dubnow é a sua "quarta carta": "Autonomismo, a base do problema nacional".[18] Aí

TEORIAS DE TRANSIÇÃO

ele defende a existência de uma sucessão necessária de três estágios, de caráter psicossocial, chamadas *tese, antítese* e *síntese.*

> A *tese* seria a teoria aceita acriticamente; a tradição, herdada das gerações passadas, um ponto de vista ou um fato que se tornou enraizado e fixado em sua antiga forma, um dogma que não permite exame ou crítica. A *antítese* seria o esforço de se conseguir a liberação do jugo da tese dogmática, seu total abandono, sem consideração mesmo pelo pouco de verdade histórica que representava para se estabelecer; é sua crítica radical, a completa negação do passado, um contraideal. A *síntese* não é a "negação da negação" (como na dialética hegeliana), mas uma teoria balanceada que resulta de uma criação mais compreensiva de ideias. Nessa criação, todas as verdades parciais que estavam contidas na tese e na antítese são fundidas numa única ideia, depurada de sua carga de extremismo e adaptada às necessidades da vida no novo período.[19]

Em termos da vida judaica, Dubnow explica que as massas conservadoras que nada analisam ou questionam, a comunidade ortodoxa em geral, continuam aderindo à tese. Os *maskilim*,[20] especialmente os jovens, ocupam-se da antítese: "são homens de curta visão, satisfazem-se com a simples negação neste período de transição". Aqueles que procuram um pouco mais chegam à síntese.

Na História, tese seria o período em que a comunidade judaica se caracterizou pelo isolacionismo. Na Polônia, especialmente nos séculos XVI e XVIII, os judeus criaram uma vasta e bem estruturada organização social; é bem verdade que pagavam muitos impostos e tinham poucos direitos fora do gueto, mas ela se constituía numa forma íntegra e consequente de vida, já que o sentimento de pertinência ao grupo compensava a falta de liberdade individual.

Com o século XIX, a ideia de assimilação empolgou os judeus da Europa Ocidental e, após meados do século, até mesmo os intelectuais da Europa Oriental. Mas a assimilação era a doutrina do suicídio nacional. Além do mais, nem sempre as outras nacionalidades estavam

133

dispostas a aceitá-la. O judeu se desliga de um povo, não chegando a ser aceito por outro; a assimilação é

> psicologicamente antinatural, eticamente vergonhosa e praticamente infrutífera. Abandonamos nossa autonomia, artéria vital de todo o organismo nacional, substituindo-a pela heteronomia, lei do desenvolvimento alheio.[21]

O período de emancipação teve para o judeu a vantagem de – embora o afastando de sua nacionalidade – aproximá-lo da humanidade.

Depois, a síntese: se na tese (isolacionismo) o corpo nacional tinha direitos com o sacrifício do indivíduo, e na antítese (emancipação) o oposto ocorreu, agora os judeus devem lutar por direitos civis e políticos (que os isolacionistas não tiveram), mas também por direitos nacionais (que os assimilacionistas não tiveram).

Ideologia

As noções evolucionistas permeiam todos os textos de Dubnow. Em *A doutrina do nacionalismo judaico*, tenta provar um aperfeiçoamento contínuo das nações, não todas, mas apenas daquelas que tivessem tido a "força interna" para sobreviver. É também a lei da sobrevivência das espécies transposta à história social: as nações que sobrevivem são as mais fortes, as que melhor conseguem se adaptar a novas situações e aquelas que se aperfeiçoam continuadamente.

Em *Autonomismo, a base do programa nacional*, a crença no progresso continua. O melhor (segundo Dubnow) do período isolacionista e o do integracionista deveriam se juntar para provocar o autonomismo, fruto de uma sociedade quase perfeita.

Na verdade, o evolucionismo dubnoviano padece de algumas falhas de base. Na *Doutrina do Nacionalismo Judaico*, já parte da pretensa superioridade do "tipo nacional judaico", para buscar-lhe a explicação científica. Em outras palavras, parte do axioma para a demonstração de sua validade; entretanto, o simples fato de ele ser um axioma já condena, por suspeição, todo tipo de demonstração.

Há outro aspecto na teoria dubnoviana que precisa ser lembrado: ele fala da "substituição" dos "tipos nacionais", de sua "superação". Para ele, a nacionalidade baseada nas relações de produção seria substituída por aquela em que as relações político-sociais seriam prioritárias e, finalmente, a compreensão de nacionalidade dependeria de um fator "espiritual" (ideológico-cultural?). Ora, na realidade, o autor não percebe, ou não quer perceber, que os "fatores" não se sucedem, mas são partes de um todo orgânico, concomitantes, e dependem um do outro. *A identidade nacional para um cidadão não é a mesma do que é para outro, e isto tem a ver com seu papel social.*

A pretensa espiritualidade do nacionalismo judaico responde, em última instância, a uma realidade expressa pelo papel social desempenhado pelos judeus, como mostro em outros capítulos deste livro. Assim, tanto o elemento "material" quanto o "espiritual" são os dois lados da mesma moeda, e o não se dar conta disso inibe o processo de desvendamento da História.

Em outro texto deste pensador o mesmo problema reaparece. Embora Dubnow seja um ilustrado – no sentido de ter-se desvinculado das limitações que o conhecimento revelado impõe e que o judaísmo ortodoxo usava –, ele é fruto do seu tempo, de sua História. Integracionismo para os judeus, nessa época, na Rússia? O sentimento antijudaico – que razões ideológicas vão explicar –[22] dificulta, ou mesmo impede completamente a aceitação de judeus pela sociedade czarista. Além disso, na própria Europa Ocidental, várias manifestações segregacionistas haviam ocorrido[23] de modo a deixar clara a impraticabilidade da assimilação geral dos judeus. Assim, na realidade, aquilo que é "praticamente inviável" acaba sendo apresentado e considerado "eticamente vergonhoso" e "psicologicamente antinatural".[24]

O interesse objetivo de Dubnow era o de caminhar no sentido de se afastar da comunidade. Esse interesse entrava em choque, entretanto, com a realidade das condições históricas que impediam sua assimilação. Dubnow, que já não era um judeu de *shtetl*, mas que estava longe de ser um "judeu não judeu",[25] preocupa-se em mostrar a pretensa superioridade da posição autonomista e reivindica, de todas as nações, posições no sentido de transformar sua ideia numa forma de solucionar o "problema do povo judeu".

Desta forma, os textos caminham para seu desvendamento como um todo. A condição concreta de uma pequena burguesia encontrou em Dubnow seu ideólogo. A situação periclitante da *nação judaica*, espalhada no seio das outras, o sentimento de impotência e a dificuldade de ascensão do *shtetl* ao mundo não judeu deixam de se apresentar como problemas para se transformar em virtudes, suposta finalidade da própria história, forma superior de existência. Nas formas preliminares a esse "nirvana de espírito", segundo Dubnow, seria aceitável até mesmo o sionismo que

> poderá ser útil se servir de transição a uma visão superior de mundo, ao nacionalismo espiritual, o fruto de desenvolvimento de gerações de judaísmo.[26]

Hoje não há dubnovistas. Há, porém, aqueles que se afirmam judeus espiritualistas. Sua atitude, a mesma de Dubnow, quer preservar *o impreservável: as categorias culturais de uma forma de existência em extinção*. A cultura é dinâmica e sofre com a transformação das condições de existência de qualquer povo. A língua iídiche, falada até pouco tempo atrás por milhões, está em fase de desaparição. Há alguns anos ganhou um Nobel de Literatura, hoje quase não é falada. Em Israel, usa-se o hebraico, as pessoas que sabiam iídiche estão morrendo e não são substituídas por outros falantes. *Não há cultura que paira no ar, que não precise estar, de alguma forma, articulada com a vida social das pessoas*.

As ideias de Dubnow, assim como o iídiche, fazem parte do passado e logo serão apenas objeto da curiosidade de estudos acadêmicos.

O BUND, UM PARTIDO SEM PROJETO POLÍTICO

Uma vez Yache me perguntou:
"– O que você acha, os judeus são uma nação?"
Eu não sabia o que responder, nunca havia pensado nisso.
Mas, assim que o movimento operário foi concebido,
todos nós o reconhecemos como um movimento
independente e específico.

Vladimir Medem

As origens do Bund têm que ser procuradas, em termos organizacionais, no "Grupo Social-Democrático Judeu", mais conhecido como "Grupo de Vilna", criado em 1890 por um punhado de jovens de 17 a 25 anos,[27] na maioria estudantes e filhos de *maskilim*.[28] Tinham sido ou estavam sendo educados em escolas russas, e sua cultura judaica tradicional não era das mais arraigadas. O iídiche não era sua língua.

Já em 1892, o grupo consegue promover uma manifestação de 1º de maio com a presença de cem trabalhadores, fruto de intensa atividade dos líderes que se baseavam nos chamados "círculos". O operário era atraído para o "círculo" e passava por três estágios: 1) era alfabetizado em russo; 2) estudava ciências naturais; e 3) estudava economia e ideias socialistas. Esse método baseava-se na busca de uma unidade do operariado russo e também na crença de que cada operário, uma vez preparado, poderia funcionar como elemento de difusão da cultura russa, do evolucionismo e de ideias socialistas.

Na prática, isso não ocorreu, ao menos na medida do esperado, e, lá por 1894, uma reformulação tática começa a se fazer sentir.

Gozhansky escreve *Uma carta aos agitadores* e Kremer publica, junto com Martov – futuro líder menchevique –, *Sobre a agitação*. Ambas as obras refletem um espírito de renovação tática em que a agitação passa a ser base do programa social-democrata. O objetivo era fazer com que as ideias revolucionárias pudessem chegar mais rapidamente ao maior número possível de operários.

O "círculo", a língua russa e a longa preparação teórica são, então, abandonados, e o iídiche passa a ter uma importância fundamental, uma vez que havia uma preocupação de atingir o operário judeu no marco de sua cultura.

A tática de agitação, contudo, iria encontrar duas fortes áreas de resistência entre os próprios operários. Muitos se intimidaram após sentirem a reação dos patrões que começaram a despedi-los, devido às contínuas greves e lutas reivindicatórias que promoviam. Depois, lamentavam abrir mão do "círculo", que se constituía numa forma de *ascensão pela cultura*, único caminho que muitos trabalhadores encontravam para se aproximar da cultura russa, uma vez que o sistema escolar era bastante restritivo.

Por outro lado, havia um problema muito prosaico para a doutrinação em língua iídiche: os próprios líderes intelectuais do "Grupo" não tinham nenhuma familiaridade com ela. Para enfrentar o problema, arregimentaram estudantes pobres (os *oremebochers*) da *ieshivá*[29] de Vilna, que passaram a ter a curiosa função de intermediários entre o intelectual e o operário. Além disso, transcenderam o papel que lhes havia sido destinado, enriquecendo o movimento de fontes messiânicas de justiça social e cultura do *shtetl*, no geral. Nesse período, aliás, começaram a aparecer obras que refletiam a vida do operariado judeu nas cidades, contos e romances de Peretz e David Pinski, entre outros.

Em 1896, já havia em Vilna 27 sindicatos organizados com quase mil operários, número pouco superior ao registrado em Minsk, embora o dado apresentado no Congresso Internacional socialista de 1896 em Londres falasse em três mil membros.[30]

Os resultados da luta sindical liderada pelo Bund parecem ter sido positivos, tanto considerando o aumento salarial quanto a redução da jornada de trabalho (a jornada diminui entre uma e três horas, em Vilna e Minsk).[31] O movimento foi se alastrando, tendo chegado em 1897 a Bialistok e Vitebsk.

Judeus contra judeus

Em termos de comunidade judaica, a divisão ia se acentuando. Em diversas ocasiões (de greves, por exemplo), os rabinos – comprometidos com os ricos, de quem dependiam economicamente – colocaram-se abertamente contra os operários, alegando que sua atitude, por ser ilegal, atraía a ira do governo contra todos os judeus. Em compensação, apareciam panfletos como *O pregador da cidade* que perguntavam se

> devem os trabalhadores ficar em silêncio, uma vez que os escolhidos pela comunidade estavam levando a luta dos capitalistas contra os trabalhadores para dentro do templo?

E respondiam

> não há apenas um povo judeu; de fato ele está dividido em duas classes, cuja oposição é tão radical que não diminui com a santidade do templo nem se inclina diante da força e crueldade da polícia russa.[32]

O mito da unidade judaica de origem corporativista e de fortes traços etnocêntricos estava sendo superado pela realidade social. Capitalistas e operários definiam-se logo. A classe média oscilava entre as diferentes lealdades: havia um judaísmo que podia identificar-se com os oprimidos, e isto lembrava os profetas sociais, mas havia uma tradição de respeito aos líderes comunitários e até à cultura do iidichismo, que produzia desde obras de contestação até saudosistas e bem-comportadas descrições de cidadezinhas. Na obra de Sholem Aleichem, essa oscilação e dificuldade de se posicionar são descritas de maneira magistral em um texto em que a filha, chamada Hodel, abandona a cidade e a tradição para se juntar ao noivo revolucionário, que acredita estar buscando liberdade para todo o seu povo, o que deve ocorrer com o estudo e a mudança social radical.

Num belíssimo diálogo entre revolução e tradição, o pai interpela a filha:

> – Você se despede de mim para sempre? O que significa isso? – pergunto a Hodel e enterro os olhos no chão, para que ela não note como fiquei pálido.
> – Significa – diz ela – que vou embora amanhã cedinho e nunca mais nos veremos... Nunca mais. (...)
> – Para onde vai você – digo eu – se é que mereço saber?
> – Para junto dele – diz ela.
> – Para junto dele? – digo eu – onde é que ele se encontra agora?
> – Por enquanto continua preso, mas em breve será mandado para longe.
> – Quer dizer então que você vai se despedir dele? – indago, fazendo-me de ingênuo.
> – Não – diz ela – vou acompanhá-lo até lá.
> – Até lá. Que "lá" é este? Como se chama o lugar?
> – Não se sabe ao certo – diz ela – como se chama o lugar, mas de qualquer maneira fica longe, terrivelmente longe...
> É o que ela, isto é Hodel, me diz, dando-me a impressão de que fala com um sentimento de grandeza, de orgulho, como se o Pimentinha houvesse praticado algo tão extraordinário que merecesse uma medalha de uma tonelada de ferro.[33]

A luta operária viria a ser apoiada por uma imprensa ativa. Dois órgãos, em iídiche, se destacaram: em 1896 aparecia *Der Idisher Arbeter* (O Operário Judeu), escrito em Vilna e impresso no exterior. Vladimir Kosovsky fazia quase tudo no início dessa revista que acabou se tornando o órgão do Comitê Estrangeiro do Bund e foi publicada até 1904. *Di Arbeter Shtime* (A Voz do Operário) surgiu em 1897, fundada pelos "semi-intelectuais" (assim eram chamados os rapazes, saídos dos seminários rabínicos. Eles atuavam entre os intelectuais do partido e as massas), mas logo se transformou no órgão oficial do Comitê Central, tendo durado até 1905.

A fundação do Bund

Até 1897, apesar de todas as suas conquistas, os movimentos socialistas judeus não tinham chegado à unificação. Plekhanov havia afirmado a seu respeito

> (...) esses párias, que sequer possuem os miseráveis direitos dos cristãos, mostraram tanta firmeza na sua luta contra os exploradores e tanta consciência na compreensão das tarefas sociopolíticas do movimento operário contemporâneo que podem, de certo modo, ser considerados a vanguarda do exército de trabalhadores da Rússia.[34]

mas insistia em que deixasse de haver grupos isolados em Minsk e Vilna, em troca de um único, devidamente centralizado.

O Bund foi formalmente criado em outubro de 1897,[35] em Vilna. Marcando a posição do agrupamento, Kremer afirma que "o proletariado judeu participará do partido russo geral, mas deverá fazê-lo de forma organizada e não ao nível de indivíduos ou de pequenos grupos". Essa declaração de princípios, por ser extremamente ampla, será, anos depois, interpretada ao sabor de interesses políticos, como veremos.

Criou-se, na ocasião, um Comitê Central com funções de coordenação, sem, no entanto, ter o direito de se envolver no trabalho específico de cada localidade. Seus membros: Kremer, Kosovsky e Mutnikovitch. O nome do agrupamento, após algumas discussões, passou a ser União Geral dos Trabalhadores Judeus na Rússia e Polônia – *Bund fun di idische arbeter in Russland un Poiln* – de onde, simplesmente, Bund.

A 1º de maio de 1898, em Minsk, foi fundado o Partido Social-Democrata Russo dos Trabalhadores, com significativa representação e participação do Bund. Em julho do mesmo ano, a polícia política russa prendia os membros do Comitê Central do Bund. E em setembro, um novo congresso do Bund – o Segundo – foi convocado para fazer frente à repressão. Aí a vitalidade do grupo se revelou. Criou-se um novo Comitê Central (David Katz, Tsivia Hurvitch e Sendor Zeldov), houve a condenação de praxe "aos métodos de sufocação das liberdades por parte do governo russo" e montaram-se novos esquemas de combate.

Panfletos eram produzidos a granel, já não se discutia sua validade. As sinagogas eram utilizadas como locais de reunião política. A filiação dos operários ao partido cresceu muito nos últimos anos do século XIX. Embora os dados quantitativos não sejam muito seguros, por razões compreensíveis em se tratando de partido clandestino, toda a literatura do período, assim como a documentação encontrada, mostra ter sido o Bund o verdadeiro movimento do operariado judeu.

A maior parte das greves visava ao aumento de salários e à redução das horas de trabalho.[36] Entretanto, cerca de 10% dos movimentos grevistas visava à readmissão de colegas despedidos. E cada operário ficou três semanas sem trabalhar em 1898 e 17 dias no ano seguinte, devido às suas lutas reivindicatórias.

Além de colocar a polícia contra os líderes operários, os patrões – entre eles vários judeus – usaram um recurso muito hábil: começaram a contratar cristãos para furar greves. Os bundistas tinham plena consciência de que qualquer tentativa de impedir, pela violência, o trabalho desses cristãos poderia desencadear um processo de antissemitismo instigado e controlado pelo governo.

A questão nacional

Nesse clima de recessão econômica e repressão violenta, as oposições de classe aflorando de modo mais agudo, seria realizado o Terceiro Congresso do Bund, em dezembro de 1899. Pela primeira vez, a *questão nacional* é discutida, sugerida por um candente artigo de Jidlovsky, que afirma ser objetivo socialista conseguir não apenas *direitos civis*, mas também *direitos nacionais*.

Posteriormente, ele formularia a questão da seguinte maneira:

> Em nosso ideal socialista temos de incluir também a exigência de livre-arbítrio nacional, e sob o termo nação cumpre entender não só uma união de nações com um grupo étnico dominante, como se faz atualmente, *mas todo grupo étnico*, por maior ou menor que seja, contanto que alimente a vontade de levar uma existência nacional própria.[37]

Transformada em proposta, a ideia é recusada, mas não em definitivo. Voltaria mais tarde, uma vez que o chamado "sionismo socialista" começa a tomar força jogando com a ideia nacional.

A situação do Bund, na virada do século, é de franco atrito, tanto com organizações judaicas quanto com os socialistas. Por um lado, os sionistas, plenos de reivindicações econômicas, mas sem uma atitude política que pudesse assustar as autoridades russas: para eles, a luta deveria travar-se em uma terra específica, que pudesse funcionar como *base estratégica* para as massas judaicas.[38] Para os bundistas, os sionistas (mesmo os ditos socialistas) não passavam de contrarrevolucionários nacionalistas.

Por outro lado, a orgulhosa autossuficiência dos líderes bundistas no exterior e a hábil política czarista de isolar as nacionalidades iriam levando a antiga facção da social-democracia russa a adquirir uma coloração cada vez mais particular, a ponto de poder ser considerada um partido em si.

No Quarto Congresso do Bund, realizado em 1901, após 12 horas de discussão, os delegados votaram favoravelmente à declaração que afirmava:

> cada nacionalidade, além de suas aspirações por liberdade econômica, civil e política (...) também tem aspirações nacionais baseadas em suas próprias características – língua, costumes, modo de vida, cultura em geral – que devem merecer liberdade para se desenvolverem.[39]

OS JUDEUS

Para dourar a pílula, a ideia de qualquer solução nacional baseada em território foi categoricamente rejeitada.

"Inadmissível" foi a palavra reservada não apenas à opressão de classes ou do Estado, mas também ao domínio de uma nacionalidade sobre outras, de uma língua e uma cultura sobre as demais. O Congresso, reconhecendo a complexidade da questão das nacionalidades na Rússia, sugeriu que o Estado deveria ser reorganizado como uma federação de nacionalidades, com autonomia total para cada uma, independentemente do território que habitasse. Cláusula dessa resolução afirmava ser o povo judeu, para esse efeito, uma nacionalidade.

O Congresso também considerou o sionismo como "reação burguesa ao antissemitismo e prejudicial à consciência de classe devido à sua agitação nacional".

As tendências desse Congresso ressurgem com tintas mais fortes no seguinte, o Quinto, realizado em Zurique, em julho de 1903. Lá, Vladimir Medem afirma que já era hora de a social-democracia considerar o "problema nacional", para o qual ele via três saídas: a nacionalista, a assimilacionista e a neutralista. A primeira pecava por excesso – o particularismo –, a segunda pela carência – eliminava a singularidade –, razão pela qual a terceira se impunha.

O que era o neutralismo para Medem? A forma de cada grupo resolver o seu problema sozinho. No caso do povo judeu, a saída seria a autonomia cultural, de vez "que havia e sempre haveria uma cultura nacional judaica". A proposta de Medem não se tornou resolução. Mas permaneceria na superfície das preocupações do Bund.[40]

Um encontro de Medem e Trotsky, logo após o Quarto Congresso do Bund, ilustra o estado de espírito e a postura política de alguns líderes do movimento, sua relação com a social-democracia russa, os sionistas e o antissemitismo. Em sua autobiografia, Medem narra:

Discutimos algumas horas. De início, um dos meus amigos tomou a palavra para expor o programa do Bund, da forma como fora aprovado no Quarto Congresso de 1901. Não me lembro dos detalhes do debate, lembro-me apenas de que foi bastante agressivo e, como de costume, ambos os lados saíram satisfeitos consigo mesmos. Devo confessar que o rapaz (Trotsky) não me agradou daquela vez e acredito ter sido mútuo o sentimento.

O mais interessante e característico ocorreu, porém, à noite. Após eu ter terminado minha palestra, tomaram a palavra alguns sionistas, simplesmente jovens com ideias confusas. Em seguida falou Trotsky. Aos sionistas respondeu bem, ironicamente. Depois se voltou contra mim. O fato é que eu tivera a ousadia de endereçar algumas palavras pesadas aos sociais-democratas russos. *Eu os recriminei pelo fato de sempre terem subestimado o importante trabalho de combater o antissemitismo*, e não fiz segredo de que considerava isso uma grande ofensa e uma grande falha, devendo ser corrigidas no futuro. Trotsky tomou as dores dos socialistas russos. Primeiramente, ele disse que minha crítica não procedia, pois eles haviam combatido o antissemitismo tendo inclusive distribuído um panfleto em Nicolaiev. Segundo, *não se deve combater especialmente o antissemitismo*. Ele não é senão um resultado da falta de clareza das grandes massas. Quando elas compreendessem as coisas, o antissemitismo iria se evaporar de forma natural. Esse pretexto era muito característico.[41]

A questão de qual a melhor tática para combater o antissemitismo levaria ao problema da autonomia política de cada grupo e à própria "questão nacional". Assim, técnicas de luta revolucionária e importantes problemas teóricos eram frequentemente enfiados no mesmo saco. Tudo viria à tona no Segundo Congresso da Social-democracia russa, realizado em Bruxelas e Londres, em 1903.

Bund x *Iskra*

O nível concreto de autonomia do Bund não tinha ficado claro no Primeiro Congresso da Social-democracia russa. Logo no início, a questão fora colocada e os bundistas exigiram, no mínimo, liberdade de escolher seu próprio comitê central, assim como decidir a estratégia naquilo que se referisse ao trabalho com as massas judaicas. Solicitaram, também, fosse o Bund reconhecido como o representante da social-democracia russa entre os trabalhadores judeus. Implicitamente, queriam que fosse aceita a autonomia cultural do povo judeu, conforme resoluções de congressos bundistas. Lênin, habilmente, colocou, para responder a essa argumentação, militantes de origem judaica, inclusive Martov, que fora ideólogo do agrupamento judaico, no início de sua atividade. A posição dos *iskraitas*[42] tinha sido preparada com antecedência. O que pretendiam era colocar o órgão do Partido (o jornal *Iskra*) produzido no exterior como centro decisório ao qual deveria submeter-se, inclusive, o comitê central da social-democracia, no país. Trotsky narra que questionou a saída:

> – Então, o que vai acontecer é a instauração de um regime de plena ditadura da redação – objetei eu.
> – E o que se perde com isso? – respondeu Lênin. – Nas atuais circunstâncias não há outro remédio.[43]

Nessas condições, todas as baterias foram apontadas contra as pretensões dos bundistas. Trotsky, alegando sua condição de judeu (o que provocou a fúria dos bundistas, pois só para atacá-los é que ele se referia à sua origem judaica), afirmou que o que estava em pauta, mais do que a "questão judaica", era a própria sobrevivência do partido organizado. Para tanto, se as prerrogativas solicitadas pelo Bund fossem atendidas, qualquer grupo poderia solicitá-las, provocando a dissolução do partido ou, pelo menos, sua inoperância. Trotsky negou ao Bund o monopólio da pregação socialista junto aos judeus, pois isso poderia ser interpretado como desconfiança aos membros não judeus do Partido. Se os judeus quisessem ter suas escolas, nada a opor, desde que elas fizessem parte do sistema nacional e não isolassem a vida cultural judaica da cultura russa.

Trotsky e Martov apresentaram moções contra o Bund e elas foram aprovadas por maioria esmagadora.[44]

Os bundistas sentiram-se abalados. Contra as definições genéricas do internacionalismo socialista, falaram sobre os *pogroms* – especialmente o de Kishinev. A solidariedade operária estivera longe de se manifestar naquela ocasião e o pragmatismo bundista opunha-se a formulações que lhes pareciam fora da realidade. Comentando a posição de Trotsky na ocasião, Deutscher afirmou que

> nem ele, nem qualquer socialismo, poderia imaginar, mesmo num pesadelo, que as classes operárias da Europa, tendo ouvido durante gerações as pregações de solidariedade internacional, quarenta anos mais tarde seriam incapazes, ou não desejariam, impedir ou deter a mortandade de seis milhões de judeus, homens, mulheres e crianças, nas câmaras de Hitler. (...) Trotsky apresentou-se como judeu contra o separatismo judeu, porque sua visão do futuro estava tão distante da "civilização" europeia de meados do século quanto o céu da terra.[45]

Um dos delegados bundistas, em resposta a Trotsky, afirmou que não se deveria confundir *exclusividade* de trabalho com os judeus com *especificidade* de trabalho entre os judeus. Liber tocou na ferida, desafiando o Partido a reconhecer a realidade sobre a qual se fundara: as nacionalidades eram um fato na vida russa. Disse mais – e suas palavras foram proféticas – que os *iskraitas* pretendiam criar um socialismo internacional sem um movimento internacional. O estado de espírito dos bundistas pode ser bem captado pela narrativa de Medem:

OS JUDEUS

A delegação do Bund fez todo o possível para evitar a catástrofe: a saída do Partido. Ela foi, em suas concessões, mais além do que permitiam seus princípios (...) mas achou isso importante, porque sabia que os trabalhadores judeus valorizavam sua união com os companheiros russos. Restava, entretanto, um último ponto do qual ela não podia abrir mão: a própria existência do Bund.[46]

A delegação judaica tentou ainda se compor, em plenário e nos bastidores, com os *iskraitas*. Uma última tentativa foi a de apresentar o Bund como *a organização social-democrata do proletariado judaico, não fechada em quadros próprios, e que entra no Partido (social-democracia russa) como o único representante do proletariado judaico.*

Medem narra assim o episódio:

> Este foi o nosso ultimato. Colocada a proposta em plenário, Liber faz uma rápida defesa dela. Martov responde. Vota-se. Todos os delegados do *Iskra*, como um só homem, votam contra a proposta bundista. Ela foi rejeitada. O destino estava selado. Liber levantou-se e avisou: o Bund se afasta do Partido Russo. Na sala, o silêncio.
> Saímos.
> Aconteceu.[47]

O Bund se isola

Os acontecimentos posteriores à ruptura entre a social-democracia russa e o Bund mostram um grande crescimento do partido judaico. Aumenta o número de afiliados, os encontros políticos se intensificam e até um *Pequeno Bund* aparece, como movimento educativo para crianças a partir de dez anos. A social-democracia russa, a despeito de atuar entre judeus, principalmente os de Vilna e Varsóvia, vai obter um sucesso muito relativo. A língua iídiche – veículo de comunicação obrigatório – não era utilizada pelo Partido

148

Russo, dificultando ainda mais sua tentativa de romper a hegemonia do Bund na relação com os operários judeus.

O outro lado também atacou. Os sionistas procuraram provar, exemplificando com o *pogrom* de Kishinev e a saída do Bund do seio da social-democracia russa, a inviabilidade de qualquer solução, exceto a nacionalista. O Poalei Tzion, que se apresentava como partido sionista-socialista, conseguiu angariar adeptos junto ao operariado judaico e explorou muito o rompimento do Bund com a social-democracia russa. Mas o Bund continuava sendo o representante real do operariado judeu, com todas as contradições derivadas desse papel.

Um bom exemplo dessas contradições foi a posição política diante da Guerra Russo-japonesa de 1904. A social-democracia russa simplesmente recomendou ao proletariado para que não entrasse no "jogo da guerra". Esta deveria ser, naturalmente, a posição política do Bund. Mas o fato de representar os judeus, frequentemente acusados de falta de lealdade com relação à Rússia, deixou o partido sem tomar posição alguma, durante bastante tempo.

Outro fato marcante, que mostra o papel do Bund, está ligado ao extraordinário incremento da emigração de judeus russos para a Europa Ocidental e os Estados Unidos.[48] Em pouco tempo, o crescimento do número de bundistas, tanto na América como na Inglaterra, foi de tal porte que dificilmente poderia ser explicado apenas pelas condições materiais da população judaica em Nova York ou no East End, em Londres. Um número expressivo de líderes "radicais" emigrou com a massa, exportando a inquietação organizada.[49]

Importante registrar que relações entre o Bund e demais partidos socialistas não deixaram de existir. Ocasionalmente, os bundistas comparavam sua luta com a dos russos, poloneses ou lituanos. Em 1905, o grupo teve expressivo papel na mobilização das massas na abortada revolução; manifestações e greves se sucederam durante aquele tumultuado ano. Na ocasião, o Bund organizou sua autodefesa junto com outros socialistas, não aceitando liberais e sionistas como companheiros de armas. Desta maneira seus membros afirmavam estarem tomando posição política...

Bund e consciência de classe

Os acontecimentos iriam demonstrar que o Bund, aos poucos, iria ficando para trás. Isso não ocorreu devido ao seu rompimento com a social-democracia russa ou pelo eventual crescimento dos "sionistas socialistas" junto às massas judaicas. Convém considerar as características desse operariado. O fato de os judeus atuarem numa indústria leve e marginal, numa área marginal (a "zona de residência judaica"), constituía uma fraqueza que só podia levar judeus à margem dos locais onde as principais batalhas haveriam de se travar. Isso, aliás, foi percebido tanto por Borochov quanto por Martov. Este, que em 1895 tinha sido um dos teóricos do bundismo, em 1903, no Segundo Congresso da social-democracia russa afirmava:

> (...) enquanto as fracas organizações letonianas e russas trabalham entre a vasta massa proletária, a bem estruturada organização judaica, possuindo um grande número de articuladores talentosos (...), confina suas atividades exclusivamente a um pequeno grupo de judeus artesãos.[50]

Percebendo a especificidade da mão de obra judaica, Borochov pregava o *sionismo* como forma de fortalecer a *base estratégica* a partir da qual – e só então – uma eficiente luta de classes poderia desenvolver-se.

É bem verdade que, de início, a mão de obra judaica era muito mais reivindicativa do que a não judaica, a ponto de atemorizar os proprietários dos meios de produção. Esse fator levou a uma rápida conscientização e união do operariado judeu. Entretanto, as condições, inicialmente favoráveis, à organização desse setor operário iriam encontrar, logo depois, dificuldades intransponíveis para manter seu ímpeto. É fácil de entender.

Trabalhando em pequenas manufaturas, muitas vezes a relação patrão/operário ficava escamoteada por relações primárias estabelecidas entre eles. Produzindo bens de consumo, qualquer problema econômico se refletia sobre a produção, dificultando a estabilidade do empregado. As perseguições antijudaicas reforçavam a solidariedade de grupo entre judeus, independentemente de seu papel no sistema de produção, com isso escondendo o problema social.

A não participação – ou a pequena participação – de operários judeus nas "verdadeiras frentes de batalha" iria impedi-los de se identificarem, como classe, com os demais operários; dessa forma suas reivindicações acabavam sendo expressas por um partido próprio, percebido, frequentemente, mais como judaico do que como socialista.

Ao mesmo tempo que representava o operário/judeu, o Bund respondia pelo judeu/operário, quer dizer, ora substantivando o "social", ora o "nacional".

Nesses dois níveis é que se deve explicar a limitação do Bund. Primeiramente pela especificidade do papel social desempenhado pelo seu proletariado: indústria leve, manufatura e artesanato. Em segundo lugar pela característica "nacional" que acabou identificando essa faixa de trabalhadores.

Contraditório e oscilante, o Bund manteria ligações de solidariedade ora com seu compromisso de classe, ora com seu rótulo de nacionalidade. Não tinha planos concretos de tomada de poder, não tinha sonhos de criar uma estrutura nacional própria.

Sua capacidade de organização fez com que vencesse muitas batalhas. A falta de um projeto político fez com que perdesse a guerra.

OS JUDEUS

Notas

1 Ajad Haam, "No es éste el camino", *in El sendero de retorno: ensayos sobre el judaismo y el renacimiento nacional*, p. 37-50.
2 Ahad Haam, "O Estado judeu e o problema judaico", *in* J. Guinsburg (org.), *O judeu e a modernidade*, p. 219-226.
3 *Idem*, p. 222.
4 *Idem*, p. 223.
5 *Idem*, p. 224.
6 Ahad Haam, "Flesh and spirit", *in Selected essays by Ahad Haam*, p. 139 e 158.
7 A propósito da origem da ideia de justiça social entre os hebreus, vide Jaime Pinsky, "Propriedade de terra e ideologia: o monoteísmo ético", *in Revista de História* nº 104, p. 859-876.
8 *Gói* é o termo utilizado para "não judeu".
9 Mea Shearim é um bairro de judeus ultraortodoxos na cidade de Jerusalém.
10 A festa de *bar-mitzvá*, inspirada em primitivas cerimônias de iniciação guerreira/sexual, representa a confirmação do garoto de 13 anos no seio da comunidade. A partir da comemoração do *bar-mitzvá*, o garoto passa a ser considerado um varão adulto com todos seus deveres e direitos.
11 Simon Dubnow, *Nationalism and History*, p. 7.
12 As Grandes Datas são Rosh Hashaná (o ano-novo) e Yom Kipur (o dia da expiação). Toda a semana que separa uma data da outra tem um caráter especialmente espiritual, pois é o período em que o judeu piedoso deve promover o balanço de sua atuação no decorrer do ano findo.
13 Simon Dubnow, "Mein Leben", p. 68-69, *in* Simon Dubnow, *Nationalism and History*, p. 9-10.
14 Simon Dubnow, *Nationalism and History*, p. 76-99. As referências textuais aparecem entre aspas. Do contrário, o apresentado é apenas um sumário das ideias do autor.
15 *Idem*, p. 84.
16 *Idem*, p. 122-123.
17 *Idem*, p. 127.
18 *Idem*, p. 131-142.
19 *Idem*, p. 131-132. Os grifos deste e dos demais textos são meus, salvo indicações em contrário.
20 *Maskilim* eram os "ilustrados" e *haskalá*, os partidários da ilustração.
21 Simon Dubnow, *Op. cit.*, p. 134-135.
22 Venho tratando do assunto no decorrer deste livro.
23 Veja-se o Caso Dreyfus, por exemplo.
24 Refiro-me à frase de efeito do próprio Dubnow, *in* Simon Dubnow, *Op. cit.*, p. 134-135.
25 Refiro-me aqui à terminologia usada por I. Deutscher, *O judeu não judeu*.
26 Simon Dubnow, *Op. cit.*, p. 166.
27 O grupo era composto inicialmente por Arkadi Kremer (conhecido como o "pai do Bund"), sua futura mulher, Matle Srednitsky (Pati), Tsemakh Kopelson, Joseph Mill e Samuel Gozhansky, tendo logo depois recebido as adesões de Vladimir Kosovsky (pseudônimo de Naum Levinson), Abraham Mutinikovitch, Noah Portnoi, Pinai Rosenthal, Anna Heller e Pavel Berman.
28 *Maskil* é o adepto da *Haskalá*, o iluminismo.
29 *Ieshivá* é o seminário para a formação de rabinos.
30 Cf. H. J. Tobias, *The Jewish Bund in Russia*, p. 49 ss.

TEORIAS DE TRANSIÇÃO

[31] Para discussão desses dados, vide B. Borochov, *Di Idishe arbeter bevegung in tsifern*, Berlim, s.e. 1923 (em iídiche).

[32] *Der Shtot maguid,* Vilna, s/autoria, s/data, s/ed. (em iídiche).

[33] Sholem Aleichem, *A paz seja convosco*, p. 402-403. O texto se origina da novela *Tevie, o leiteiro*; com base nela foram produzidos uma peça musical e um filme (*O violinista no telhado*), que, embora alterando bastante o original, mantém o conflito a que nos referimos.

[34] Jorge Plekhanov, *As questões fundamentais do marxismo*, Lisboa, Estampa, 1976, *passim.*

[35] Foram membros fundadores do Bund: Kremer, Mutinikovitch, Kosovsky (do "Grupo de Vilna"), David Katz, Israel Kaplinsky e Hirsh Soroka (operários de Vilna), Pavel Beran, Leon Goldman, Marya Zhaludsky, Joseph Mill, Rosa Grimblat, Hillel Katz-Blum e Yidel Abramov, representando Minsk, Varsóvia, Bialistok e Vitebsk.

[36] Vide material a respeito *in Der Allgemeine Judische Arbeiterbund (Bund) in Russland*, Polem und Littauen, de Esther Schneerson, p. 7, in *Zeitschrift fur demographie und statistik der Juden*. Arthur Ruppin director, Februar, 1905, heft n° 2; vide também H. J. Tobias, *Op. cit.*, p. 95 ss.

[37] Haim Jidlovsky, *in Teoria da nacionalidade*, p. 36.

[38] O sionismo socialista é tratado no capítulo "A ideia do Estado".

[39] *In* H. J. Tobias, *Op. cit.*, p. 161.

[40] A respeito do Quinto Congresso do Bund, vide Vladimir Medem, *Fun Main Leben*, p. 17 ss.

[41] Medem, *Op. cit.*, p. 8-9.

[42] *Iskraitas*: o grupo que redigia o *Iskra*, órgão da social-democracia russa no exílio. Faziam parte da equipe: Lênin, Martov, Plekhanov, Vera Zassulich, Axelrod e Ptresou.

[43] Leon Trotsky, *Minha vida*, p. 142.

[44] A propósito, vide Isaac Deutscher, *Trotsky: o profeta armado*, p. 85 ss.; H. J. Tobias, *Op. cit.*, p. 207-220; V. Medem, *Op. cit.*, p. 30-31.

[45] I. Deutscher, *Op. cit.*, p. 88.

[46] V. Medem, *Op. cit.*, p. 30.

[47] *Idem.*

[48] Forneço números em outro capítulo deste livro.

[49] Vide a respeito a obra de William J. Fishman, *East end Jewish radicals*.

[50] Israel Getzler, *Martov, a political biography of a Russian Social Democrat*, p. 61.

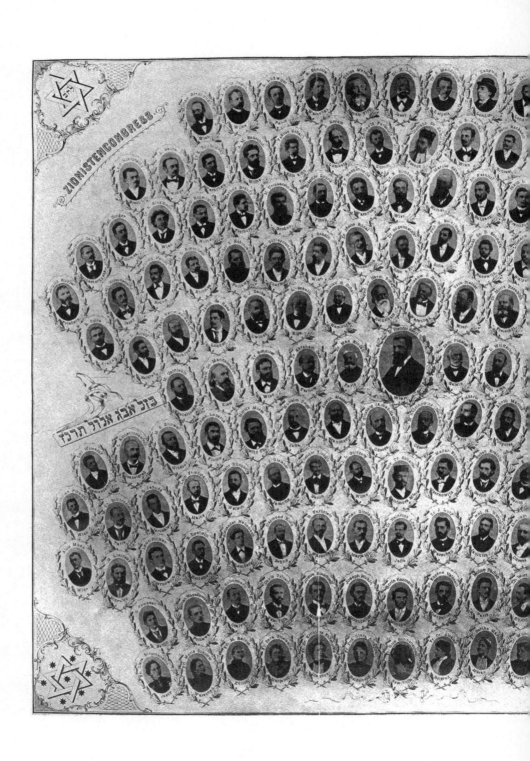

A ideia de Estado

Não é a equiparação civil dos judeus que vai provocar a necessária mudança, mas única e exclusivamente a autoemancipação do povo judeu como nação.

Leon Pinsker

A NEGAÇÃO DA DIÁSPORA

A ideia de Estado Judeu é antiga? Sim, mas muito menos do que defendem aqueles para quem qualquer identidade estabelecida pelos membros de um povo tem que ser nacional. Como para outros povos, não é acidental o fato de a ideia de Estado Judeu ganhar contorno real e concretude apenas no século XIX.

É bem verdade que manifestações de identidade (como língua, cultura, religião, formas de perceber o mundo ou de ser percebido pelo mundo) vão sendo forjadas ao longo dos séculos, o que não quer dizer que apontem em direção à criação de um Estado Nacional. Confunde-se, com frequência, *identidade nacional* com simples expressão de nostalgia; mistura-se lealdade religiosa, materializada no Templo de Jerusalém, com declaração de cidadania *avant la lettre*; aproveitando-se da confusão entre poder político e religioso, palácio e templo, rei e sacerdote, a literatura sionista passa, com frequência, a ideia de que Sion é Jerusalém, Jerusalém é a nação, a nação é o Estado, portanto, desde o exílio babilônico (586-536 a.e.c.) já estavam estabelecidas as bases do "sionismo político". Para compor este "samba do crioulo doido" foram utilizados ingredientes raros, como o português Damião de Góis (em sua "Crônica de D. Manuel") que "mereceria contar-se entre os que vislumbraram bem cedo uma justificativa para o sionismo" (sic).[1]

Para a historiografia oficial, a "fé no retorno à pátria abandonada" se converteu em fator de explicação da "sobrevivência da nação judaica na Diáspora".[2] Ou seja, os judeus só teriam permanecido vivos e unidos em torno de sua identidade durante mais de 20 séculos porque sonhavam com o retorno à "Jerusalém amada". Essa formulação exige, desde logo, a aceitação de que, de fato, houve, de um lado, uma "pátria abandonada" e, de outro, uma "nação judaica na Diáspora", o que parece ser o ponto de partida para autores sionistas, como Grinboim ou Dinur.[3] Já outros autores, mesmo filossionistas, como Ben Halpern, por exemplo, preocupam-se em demonstrar o caráter altamente ambivalente da ideia de exílio, ora transfigurada numa busca messiânica, ora providencialmente incorporada e devidamente modificada, senão francamente rejeitada, pelos próprios judeus nas sociedades em que desenvolveram alto padrão de vida.

Não será falso afirmar que a negação da ideia da Diáspora pode ser encontrada, de modo radical, entre os judeus iluministas, europeus ocidentais que não acreditavam nas identidades nacionais e, simplesmente, não aceitavam tanto a ideia do exílio quanto qualquer fato concreto que pudesse lhe dar consistência.

Os iluministas tinham a preocupação (nada original, aliás, em se tratando de minorias) de incorporar a chamada "cultura universal", oferecendo em troca aquilo que os judeus tivessem de "valioso". Leopold Zunz queixava-se de que "a postergação cívica dos judeus relaciona-se com o desleixo da ciência judaica", acrescentando que não há compêndios e tratados modernos extratalmúdicos que possam ser conhecidos por não judeus.[4] É bem a visão de um "emancipado" alemão nascido em 1794 que cultivava sua literatura judaica ao mesmo tempo que se doutorava na Universidade de Berlim.

Na realidade, *o iluminismo judaico não era uma ideologia exótica, estranha ao marco histórico que a engendrou.* Pelo contrário, estava bem ligada ao movimento que se desenvolvia na Europa Ocidental toda. Hans Kohn afirma que

> A renovação da vida através do individualismo, através de uma nova intensidade do sentimento pessoal, através de novo conceito de dignidade do homem e de unicidade da humanidade, penetrou nas diversas comunidades judaicas dos diversos países, no mesmo grau em que penetrou nos próprios países.[5]

Penetrou sim, mas com restrições. A presença do judeu, mesmo emancipado, mesmo distante dos judeus da Rússia atrasados e fechados, mesmo se abrindo para o mundo, provocou reações contraditórias.

Em uma sociedade que pretendia – do ponto de vista jurídico – romper todo o sistema de privilégios que caracterizara a estrutura feudal, não seria de bom tom deixar à margem um grupo de indivíduos – pequeno, por sinal, nos países ocidentais – pelo fato explícito de terem fé diferente. O judaísmo não caracterizara, até então, um grupo religioso unicamente. Uma série de traços culturais tinha sido desenvolvida e estava presente nos judeus individualmente, mesmo naqueles que viviam e trabalhavam na França, Inglaterra ou Alemanha. Mas essa especificidade cultural não iria resistir – nem procurava fazê-lo – às investidas do racionalismo e da ideologia da liberdade individual. Pelo contrário, a maior parte dos judeus queria aproximar-se. A autodenominação pode ser colocada como exemplo: de *judeus* passam a *israelitas*; de israelitas, a *alemães* (ou franceses, ou ingleses) *de religião mosaica...*

OS JUDEUS

Voluntário judeu na luta contra Napoleão
é recebido por família emancipada.
Interessante observar que os meninos
ainda usam o solidéu tradicional judaico.

A laicização do Estado, a necessidade da permanência do mito da mobilidade social, a identificação *concreta* do judeu com o seu grupo social a despeito da diferença de fé religiosa aceleram, a partir do final do século XVIII, um processo de perda de identidade de grupo irreversível e constante – pelo menos até que uma reação "de fora" ocorresse. O *judeu burguês* transforma-se no *burguês judeu* e depois, simplesmente, no *burguês*.

160

Na Rússia, entretanto, as coisas se passam de forma diferente. As condições em que o desenvolvimento do capitalismo e o aparecimento da burguesia ocorrem no Império Czarista, a grande massa de judeus lá existente, a criação de uma verdadeira cultura judaico-russa em pleno século XIX são fatores que vão permitir o aparecimento de uma figura apaixonante e apaixonada, cuja mensagem aparentemente clara e de caráter meramente nacionalista tem certas nuances que traem sonhos de *emancipação*: trata-se de Leon Pinsker.

Pinsker, na Rússia, também foi um ilustrado. Mas chegou a conclusões bem diferentes do que os *maskilim* alemães. A história da Rússia assim o determinou.

Leon Pinsker

Nascido em 1821 em Tomachov, filho de um homem erudito e aberto, Pinsker teve uma educação pouco comum para judeus da época: ginásio russo, escola de direito em Odessa (que não chegou a completar) e, finalmente, medicina em Moscou. Formou-se médico e ficou famoso em Odessa, tendo servido como voluntário na Guerra da Crimeia.

Leon Pinsker.

Sua participação em assuntos judaicos desenvolvia-se pelo jornalismo – temas judaicos em publicações de língua russa – e por meio da Sociedade para a Difusão da Cultura entre os Judeus da Rússia, entidade que pregava a assimilação das línguas e culturas minoritárias – no caso a judaica – à língua e cultura russas. Tudo isso enquanto a sociedade russa estava aberta para ideias liberais e democráticas. Essas ideias foram abaladas pelo *pogrom* de 1871 em Odessa e totalmente revisadas a partir das perseguições de 1881 em toda a Rússia.

Pinsker ficou impressionado com a conivência da imprensa e do governo com os *pogroms*, assim como com a indiferença ou mesmo o apoio que recebiam da *inteligentzia*.

Em 1882 escreve *Autoemancipação, um apelo ao seu povo por um judeu russo*. Em poucas páginas, o texto levanta inúmeros problemas e arrisca algumas soluções.

Começa por constatar que a situação dos judeus era ruim e que, por outro lado, ainda estava longe o momento da harmonia total entre as nações; enquanto isso não ocorresse, era preciso procurar um *modus vivendi* de forma civilizada. Entretanto, também nesse ponto, a posição dos judeus não era favorável: estavam em situação de inferioridade para redigir acordos, uma vez que não possuíam terra, nem costumes ou língua comum. O que deveriam fazer, então, era, simplesmente, constituírem-se como nação. Porém, prossegue Pinsker, não é suficiente ser suportado:

> ser assaltado por ser judeu ou, como tal, ter que ser protegido, é igualmente humilhante, igualmente doloroso para a dignidade do judeu.[6]

Na verdade, há judeus, mas não existe ainda uma nação judaica, já que, na Diáspora, a vida individual foi mantida, a capacidade de resistência foi provada, mas a consciência nacional foi perdida. O que ocorre é uma permanente humilhação, já que, diz Pinsker:

> Nossa pátria é a terra alheia; nossa unidade, a Diáspora; nossa
> solidariedade, o ódio e a inimizade universais; nossa arma, a
> humilde; nosso poder defensivo, a fuga.

Não adianta querer ser patriota em terra alheia: esse é um esforço não reconhecido, afirma amargurado, acrescentando que enquanto não tiverem um lugar próprio, ninguém verá os judeus em termos de igualdade. Isto deve ser atingido, já que a grande ideia humanitária não unificará os judeus antes de transcorridos séculos.

Pinsker investe contra os que afirmam estar o judeu, com a Diáspora, cumprindo o seu papel: na realidade, isso é uma racionalização, "um jogo do contente", diz ele. Por outro lado, continua Pinsker:

> (...) mais que os outros (os judeus) podem exibir um passado,
> uma história, uma procedência comum sem mistura, uma força
> vital indestrutível (...) uma história de martírios sem igual.

Para Pinsker, mais do que contra qualquer outra nação, têm os povos pecado contra os judeus. Por isso, o movimento nacional judaico tem todos os méritos, devendo obter, inclusive, a anuência das nações onde os judeus são indesejáveis. Há que se ter uma pátria segura: não tem que ser a *terra santa*, mas uma *terra própria*. Quanto à ocasião, Pinsker acha que não há por que esperar. Já que a emancipação dos séculos XVIII e XIX marcou os judeus como seres humanos, assim também deve ser marcada a nação judaica: com os mesmos direitos que as demais. De resto, afirma, tantas nações despertaram nas últimas décadas que o mundo está predisposto a isto, mesmo no caso de um povo sem língua e sem território.

OS JUDEUS

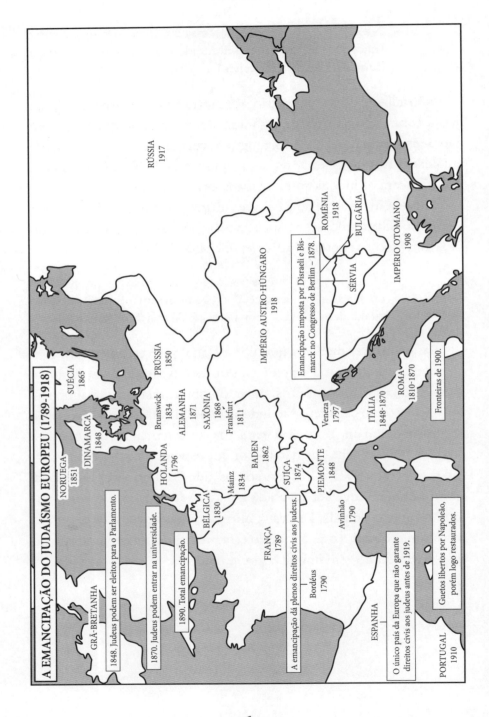

A IDEIA DE ESTADO

Como passar do campo das ideias ao das ações? Pinsker propõe que as entidades judaicas criem uma espécie de diretório. Este deverá ser

> dirigido pela elite: financistas, homens de ciência e negócios, estadistas e publicistas

com o objetivo de criar um

> lar seguro e inviolável para o *surplus* dos judeus que vivem como proletários nos diversos países e são um fardo para os cidadãos nativos.

Em seguida, deve-se escolher o local para onde iriam imigrantes pobres, mas aptos para o trabalho. O território deveria ser comprado por um consórcio de capitalistas, fundadores de uma sociedade por ações. Com o tempo, tudo funcionaria bem, mas mesmo que isso não viesse a ocorrer, Pinsker não vê problemas: o fundamental não é o negócio. E alerta:

> não é a equiparação civil dos judeus num ou noutro país que vai provocar a necessária mudança, mas, única e exclusivamente a *autoemancipação* do povo judeu como *nação*, a fundação de uma entidade colonizadora judaica própria, a qual, dia virá, será transformada em nosso próprio e inalienável *Lar Nacional*.

Pinsker ainda se questiona sobre qual seria o país a dar aos judeus o direito de criarem um Estado dentro de suas fronteiras. Não responde diretamente à própria pergunta, mas ao menos garante que esse país teria o apoio de todos, "que inclusive ficarão satisfeitos com a nossa saída".

O texto de Pinsker foi publicado, originalmente, em alemão, de forma anônima. Como o texto tem sido "lido" desde a sua publicação até os nossos dias, mais de um século após vir à luz? Vale a pena citar.

Sachar diz que *Autoemancipação* foi

o primeiro apelo direto ao nacionalismo judaico em resposta ao novo surto de terrorismo antissemita...[7]

Para Ben Halpern, em seu erudito trabalho *The Idea of the Jewish State, Autoemancipação* constitui-se na

> primeira articulação acabada de uma doutrina sionista colocada diretamente como uma solução para o problema judeu.[8]

Para Hertzberg,

> a importância primordial de Pinsker se dá não no domínio prático, mas no intelectual. *Autoemancipação* é o primeiro grande depoimento do tormento do judeu voltado para a afirmação de seu próprio nacionalismo por causa de sua rejeição pelo mundo amplo.[9]

Em qualquer dessas formulações, o caráter "reflexo" do panfleto de Pinsker se revela. Na verdade, a rejeição pelo mundo e o antissemitismo é que aparecem como constituindo o "problema judeu", para cuja solução *Autoemancipação* teria sido escrito.

Relendo *Autoemancipação*

Preliminarmente, convém fazer uma nova leitura do texto, anotando algumas de suas características mais notáveis. A partir da realidade russa de seu tempo (já exposta em capítulos anteriores), Pinsker conclui pela especificidade do judeu reconhecida não por *"valores" do grupo*, mas por *pressão de fora do grupo*: é quando se refere ao fato de ser humilhante para o judeu tanto a perseguição quanto a proteção, uma e outra das atitudes nitidamente segregadoras. Pinsker prossegue mostrando que a especificidade teria que ser compreendida como tendo *origem nacional*, enquanto as perseguições decorrem da falta de *consciência nacional*; aqui já há quase

A IDEIA DE ESTADO

uma distinção que, como paráfrase, poderia ser lida como *nação em si e nação para si*. A partir disso, Pinsker conclui argumentando que o judeu é humilhado porque "nossa pátria é a terra alheia, nossa unidade, a diáspora", ou seja, a ausência de uma pátria e a existência da dispersão seriam elementos fundamentais para o sofrimento do povo, de onde a dedução de que a existência de uma pátria aliada à ausência da dispersão inverteria a realidade. Ao mesmo tempo que propõe isso, Pinsker constata, entristecido, ser

> nossa solidariedade, o ódio e a inimizade universais, nossa arma, a humildade, nosso poder defensivo, a fuga.

Aí o autor deixa claro ser o judaísmo engendrado fora do grupo – já que a solidariedade interna decorre da inimizade externa. Dentro dessa realidade, brotariam a humildade e a fuga, que seriam devidamente substituídas por uma pátria própria em sua proposta autoemancipatória. Pinsker chega a falar em adoção da terra em que o judeu vivia como sua pátria. Em seguida descarta a possibilidade, pois seria "um esforço não reconhecido".

O diagnóstico da "realidade judaica" feito por Pinsker decorre de uma reflexão de sua própria situação, de sua existência, e a argumentação acima é um bom exemplo disso. Pode-se dizer que a identificação dos judeus com a terra "de adoção" vinha sendo feita, historicamente, com maior ou menor sucesso, de diferentes maneiras, mas o papel mais importante não terá sido desempenhado pela *vontade do judeu*, mas pelo *complexo histórico que determina seu papel na sociedade e a necessidade, ou não, de ele se identificar com sua atividade econômica*, como aconteceu em diversas situações históricas.

No caso da Rússia, dificilmente se poderia afirmar, como Pinsker, que os judeus vinham envidando esforços no sentido de "adotar" o Império como sua pátria. Ao menos, isso seria exagerado em se falando do conjunto de judeus: aqueles que, ainda no *shtetl* ou recém-emigrados para as cidades, viviam "dentro" do grupo judaico, com sua língua, seus valores culturais, sua religião e sua solidariedade pré-capitalista, não podiam ser considerados no mesmo estágio de busca de integração em que se encontravam os profissionais liberais, cidadãos do mundo e críticos acerbos dos limites estreitos dentro dos quais os "judeuzinhos de Krassilevke" se locomoviam.[10]

Em parte, provavelmente, Pinsker falava dele próprio. De suas tentativas – frustradas – de integração. De sua luta por se definir como um judeu "diferente". Luta terrível e desgastante, porque acabava por enquadrá-lo como o "outro" e, portanto, "diferente", tanto para o não judeu como para o próprio judeu. Pinsker – é claro que quando digo ser o problema dele, não personalizo, apenas tipifico – viu frustradas suas possibilidades de, afastando-se pouco a pouco de qualquer tipo de identidade judaica, conseguir transformar-se num cidadão "normal". Tentou então "normalizar" a vida judaica, após dar-se conta de que seu esforço em adotar a pátria russa não tinha sido devidamente reconhecido. Mais uma vez, a identificação nacional aparece como condição *sine qua non* para a plena felicidade.

Claro que há outra possibilidade para Pinsker: o mundo todo unido e irmanado em objetivos comuns e altruístas. Mas demoraria tanto para que esse sonho se concretizasse, diz ele, que o que tem que ser feito é conseguir já a igualdade. Como? Uma vez mais insiste: "conseguindo um lugar próprio".

A seguir, Pinsker volta-se, de passagem, mas com firmeza, contra os que tentam afirmar que é na Diáspora que os judeus cumprem sua missão humanitária. Distante do mundo do *shtetl*, não aceita determinismos e "racionalizações" como as apresentadas por Dubnow ou Ahad Haam. Pelo contrário, exatamente o sofrimento dos judeus – para alguns, sua "missão", conceito curioso e sempre retomado – é que seria um dos elementos legitimadores de sua restauração nacional. Outro desses elementos seria seu longo passado, pleno de mártires, de força vital e isento de miscigenação, fonte da pureza... nacional. Aqui, Pinsker começa a se instalar no reino da confusão.

A IDEIA DE ESTADO

Seria muito curioso se o remédio contra a opressão se constituísse na existência nacional. Além disso, ele pagou seu preito às teorias que confundiam origem cultural com característica física, e deixa entrever um tipo de argumento usado por séculos pelos judeus que queriam afirmar-se diante da sociedade geral, o da antiguidade dos judeus.[11]

Mais tarde, Pinsker mudaria de ideia, mas em seu panfleto não demonstra nenhuma tendência sionista. No máximo se poderia dizer que prega uma espécie de sionismo sem Sião. Sua preocupação não é a "santidade" da terra, mas a "segurança que puder oferecer". Não pretende ser original, até acena com o exemplo de muitas outras nacionalidades que "despertaram" nas últimas décadas e aí afirma que seria um passo adiante da emancipação.

Na verdade, a emancipação pretendeu ser a negação da Diáspora, no sentido em que tinha por objetivo último tirar o caráter de transitoriedade e de excepcionalidade da vida de cada um. Dessa forma, o que Pinsker prega seria a negação da negação, na medida em que aceita a excepcionalidade do judeu – ou seja, sua não possibilidade de integração, seu *ser diferente* – ao pretender apresentá-lo como igual aos outros. Sim, porque a igualdade, o direito de ter uma nação territorial apresenta-se como resultado de sua não digestão – por ser diferente – pelo mundo não judeu. Uma espécie de integração pela rejeição às avessas...

O fim dos "excedentes"

O método de Pinsker, com suas contradições, vai-se revelando claramente ao propor formas de ação. Separa, nas comunidades judaicas, a "elite" do "povo": à primeira caberia organizar-se para criar um refúgio seguro destinado não para si, mas aos trabalhadores pobres, estes sim "concorrendo com os respectivos nativos". Ao aceitar a ideia de que, entre os proletários, havia uma concorrência objetiva, fruto do

169

OS JUDEUS

"excesso" de judeus, Pinsker parece ver como razoável a própria segre-
gação feita aos judeus, ou seja, a noção de que a origem do "problema
judaico" estaria na concorrência que estes fazem aos "nativos" e de que
a origem da concorrência estaria no grande número de judeus. Assume
a culpa sem tentar articular a "questão judaica" com a especificidade
do desenvolvimento capitalista na Rússia, e com a incapacidade dos
governantes de estruturar um modelo econômico que permitisse a
todos trabalhar e viver com dignidade, que seria o papel deles.

A ideologia de Pinsker vai-se revelando, mais e mais, uma vez
que, para ele, não havia razão para os judeus da Europa Ocidental
abandonarem seus lugares, já que não havia "excesso" deles. Na
verdade, não havia excesso nem de judeus ricos na Rússia. Caberia
a todos estes apenas organizar um lar nacional e não viver nele!
A concepção de liderança que se revela – os capazes mandando, a
massa obedecendo e não produzindo seus próprios líderes – não é
ainda o mais importante. Sugerindo, na prática, o envio da massa
para longe, Pinsker confessa que sua (dele) tentativa de identificação
com a "sociedade ampla" russa estava sendo sabotada pelos judeus
desenraizados, aqueles que, saindo das aldeias e pequenas cidades
para as metrópoles acabaram, em grande número, numa posição
de lúmpen. Na perseguição a esses judeus em *pogroms* ou na raiva
surda do dia a dia, a situação do grupo tornava-se, senão perigosa,
ao menos incômoda, pela identificação que, de fora para dentro, era
feita a todos os judeus – mesmo aos considerados "diferentes". Era
o caso de Pinsker, médico, emancipado, "quase russo", entretanto,
considerado *judeu* pela "sociedade ampla".

O drama de Pinsker é o drama do judeu emancipado, já quase
um "judeu não judeu" que, no entanto, a partir de realidades externas, não encontra outra saída e trilha, constrangido, o amargo
retorno ao grupo judaico. Então, como um egresso do grupo,
"acusa" a massa judaica de ser diferente, de não se definir, de con-
correr com os locais. Vai além na sua visão burguesa de mundo:

170

A IDEIA DE ESTADO

pensa numa entidade colonizadora, liderada pela elite que, de forma organizada – e sem preocupação com os eventuais habitantes do lugar –, instalaria o "excedente judaico" na Síria, na Palestina ou nos Estados Unidos da América. A atividade colonizadora, praticada habitualmente pelo capitalismo europeu em expansão, parece ser o caminho/solução da "questão judaica". Mesmo porque, com o "excedente judaico" longe, as camadas judaicas em processo de desjudaização – através de uma integração na sociedade burguesa russa – poderiam continuar o seu caminho, sem temor de que viessem a ser identificadas com os barbudos, incultos e maltrapilhos (de seu ponto de vista, é claro) judeus.

Se se puder "ler" assim a *Autoemancipação* de Pinsker – e esta parece realmente ser a forma de compreender o panfleto –, a solução apresentada por ele não é uma só, mas duas, a partir de diferentes situações de classe.

Embora negando a possibilidade atual de resolver a questão nacional em cada país, já que "somos rejeitados", não nega, em nenhum momento, a importância da emancipação. Pelo contrário, revolta-se contra aqueles que se constituem em "carga" aos emancipados. Assim, Pinsker equaciona o problema: aos excedentes, o nacionalismo judaico. Aos emancipados, a emancipação. A "questão judaica" não será, pois, uma simples questão nacional, como afirma o próprio Pinsker de forma contraditória – mas também uma questão social, uma vez que o nível de aspiração de um artesão semidesempregado e o de um médico bem-sucedido não eram os mesmos.

Ao demonstrar as diferenças sociais, Pinsker nega suas próprias afirmações explícitas de identidade grupal acima de tudo. Nisso reside o maior mérito do panfleto, uma vez que, pretendendo diagnosticar um problema, acaba revelando outro.

A partir da leitura de *Autoemancipação*, vai sendo possível perceber a noção de *reelaboração contínua do judeu que a sociedade russa provoca*. Ser judeu, para Pinsker, não era ter algum conteúdo judaico,

171

mas apenas ser considerado judeu. *A pressão externa vai levar a uma identificação que não foi buscada, nem é conveniente.*

Resta ainda saber: Por que identificação *nacional*? Por que nacional *agora*? Pinsker simplesmente incorpora a noção de identidade nacional subjacente ao tipo de unidade política existente na Europa. Não vê problemas na "instalação" de um lar judaico, porque, como europeu – ah, a influência da Europa Ocidental na cultura da elite russa! – via o resto do mundo como... resto do mundo.

Uma vez resolvido o problema da massa judaica através do nacionalismo judaico, estaria também resolvido o problema da "elite" (poderia chamá-la de judaica?). Longe da massa excedente, Pinsker via o fim da rejudaização de fora para dentro, e a consequente possibilidade de ajustamento social que era, afinal, o objetivo da emancipação.

Em resumo, Pinsker nega a Diáspora de duas formas: através da emancipação, *para os que podem*. Por meio do nacionalismo, *para os que precisam*.

Nacionalismo judaico em Pinsker: fórmula contraditoriamente antinacional. Solução judaica em Pinsker: resposta a um problema social.

O sionismo ensaiava seus primeiros passos. Concretizar-se-ia com Herzl.

O SIONISMO CONSENTIDO

> *A questão judaica existe. Seria tolice negá-la.*
> *É um pedaço da Idade Média desgarrado em nossos tempos*
> *e do qual os povos civilizados, ainda que com a melhor boa vontade,*
> *não se podem desembaraçar.*
>
> Herzl

Theodor Herzl é considerado o criador do chamado "sionismo político". Tem sido venerado como o profeta e idealizador do moderno Estado de Israel. Seu túmulo jaz em local privilegiado de

Jerusalém sob uma simples lápide preta, na qual gravaram apenas seu nome: a biografia mais elementar (datas e locais de nascimento e morte), praxe judaica, foi considerada inútil: todos os visitantes devem conhecê-la bem.

Ben Halpern resume, em poucas palavras, o significado que Herzl teve para o povo judeu:

> Não apenas defendeu clara e explicitamente o Sionismo como uma alternativa ideológica à Emancipação; desenvolveu atividades políticas para obter reconhecimento internacional às pretensões judaicas relativas à Palestina e condenou qualquer recolonização em pequena escala na Palestina sem que esse reconhecimento fosse obtido.[12]

É comum o confronto Pinsker *versus* Herzl: o primeiro nos é, comumente, apresentado como um bem-intencionado, mas sem a habilidade política e o carisma messiânico do jornalista vienense. Alguns pontos em comum são sempre ressaltados: os dois viviam afastados do judaísmo, quando manifestações antijudaicas mostraram os limites da emancipação judaica; nesse ponto se deu seu retorno ao judaísmo, via identidade nacional. O marco para Pinsker foram os *pogroms* russos de 1881. Para Herzl, o Caso Dreyfus. Em ambos os casos, preconceitos e perseguição a judeus. Em ambos os pensadores, a busca de solução definitiva para o "problema judaico".

Na seção anterior, analisei o discurso de Pinsker e mostrei suas contradições, a distância entre o revelado e o apenas sugerido, o explícito e o implícito. Farei agora o mesmo com Herzl. Para analisar sua obra, deve-se iniciar fazendo uma referência à motivação, geralmente aceita como desencadeadora de seu processo de rejudaização, o Caso Dreyfus, acompanhado por Herzl na qualidade de jornalista do *Neue Freie Presse*, publicação vienense. Em seguida, uma pequena biografia dele e, por último, uma análise de seu *O Estado Judeu*.

Os fatos são bastante conhecidos.[13]

OS JUDEUS

Em fins de 1894, Alfred Dreyfus, alto oficial do Exército francês, foi acusado de espionagem a favor da Alemanha. Julgado, foi condenado por unanimidade e deportado para a Ilha do Diabo, na atual Guiana Francesa. Em julho do ano seguinte, o coronel Picquard foi designado para importante cargo na contraespionagem francesa, e poucos meses depois, disse a Boisdeffre, então Chefe do Estado-Maior, estar convicto da inocência de Dreyfus e da culpabilidade de outro oficial, major Walsin-Esterhazy. Sua denúncia, além de não dar em nada a favor do capitão judeu, custou a Picquard sua remoção para a Tunísia, então colônia francesa. Mas ele não se conforma e não se submete: informa a Scheurer-Kestner, vice-presidente do Senado, sobre o julgamento e suas convicções relativas à inocência do condenado, que já vinha sendo defendido, na ocasião, por Bernard Lazare, autor do panfleto *Une Erreur Judiciaire: la Verité sur l'Affaire Dreyfus*. Em 1897, Georges Clemenceau começa a solicitar o reexame do caso e no ano seguinte Zola, romancista famoso, inicia a publicação do famoso *J'Accuse*, panfleto em que defende Dreyfus.

A partir daí os fatos se precipitam: Picquard é preso e Zola condenado por calúnia. Contudo, Walsin-Esterhazy, desligado do Exército por peculato, confessa a um jornalista inglês que ele havia forjado o documento-prova contra Dreyfus, por solicitação de um ex-chefe do serviço de inteligência do Exército, coronel Sandherr. Logo a seguir, outro oficial, coronel Henry, preso por ter forjado documentos de acusação contra Dreyfus, suicida-se na prisão. Fica evidente a existência de um complô antissemita dentro do Exército francês.

A pena de Dreyfus é anulada, o preso trazido de volta da Ilha do Diabo para submeter-se novamente aos juízes. Em agosto de 1899, devido a "circunstâncias atenuantes", foi sentenciado a 10 anos de prisão. Em maio de 1900, a Câmara dos Deputados votou contra qualquer nova revisão do caso e, em dezembro, uma anistia geral deu por encerrado o aspecto jurídico da questão.

174

Dreyfus não queria a anistia, mas a absolvição, o que só iria alcançar do Tribunal de Apelação em 1906. Nunca a conseguiu, porém, de um tribunal militar.

Os aspectos políticos do caso continuaram presentes durante muito tempo após o término do julgamento, dividindo a opinião pública. Alguns desses aspectos sobreviveram à própria morte de Dreyfus, ocorrida em 1935.

As origens do Caso Dreyfus, que tem sido estudado por excelentes autores, mostram que o caso do capitão só desencadeou um processo de polarização política tão ampla porque se desenvolveu em uma França dividida entre seu papel de centro cultural internacionalista e de um nacionalismo dos mais provincianos e reacionários. O fato de a acusação falsa ter sido levada adiante, a despeito das evidências e da imensa repercussão internacional, prova que havia interesses favoráveis à execração de judeus. Pois este foi o caráter do processo: de caso particular passou a problema geral; da existência de um possível *mau judeu*, no singular, passou-se à "constatação" da *maldade dos judeus*, plural e coletivo. Atmosfera de antissemitismo estimulada pelo jogo político de áreas conservadoras e clericais, acusações pelo crime de ser judeu – esta a Paris que Herzl, correspondente do *Neue Freie Presse,* encontrou, para sua surpresa. A diferença entre ele e outros é que o jornalista não se conformou e partiu para a ação.

A vida de Herzl

Como é comum entre grandes figuras históricas, o nome mais importante do renascimento nacional judaico tem sua origem familiar mesclada com fantasias de biógrafos preocupados em endeusá-lo. Algumas narrativas a esse respeito perdem-se nos mal delineados contornos da lenda, que costuma obsequiar fundadores de nações e religiosos com origem heroica ou mágica. Rômulo e Remo, por exemplo, filhos da vestal Reia Sílvia e do deus Marte (apesar de Tito Lívio considerar "duvidosa" essa paternidade), são colocados num cesto, flutuam no Tibre, são salvos por uma loba e fundam um grande império. Moisés, filho de uma hebreia, corre perigo quando recém-nascido, pois é igualmente colocado no rio; salva-o uma princesa egípcia. Despertada sua "consciência nacional" ao ver um hebreu sendo maltratado, acaba fundando uma religião.[14] Na época moderna, costuma ser mais difícil digerir este tipo de explicação, razão pela qual a lenda da origem de Herzl remonta ao século XV, quando, forçados pela Inquisição espanhola, dois irmãos teriam abjurado, aparentemente, sua fé, para entrar numa ordem monástica. Pacientemente, esperaram subir na hierarquia até chegarem a um estágio que lhes permitiu partir para o exterior. Após as peripécias de praxe, chegaram à Turquia, onde abjuraram o cristianismo que lhes fora imposto e retornam à sua verdadeira fé. Claro que Herzl seria descendente de um desses irmãos.

Mas, como já foi dito, os biógrafos preferem colocar marcos menos heroicos, embora mais seguros nas origens para o fundador do "sionismo político".

O pai de Herzl, negociante hábil e bem-sucedido, chegou a diretor do Banco Húngaro. Sem grandes ligações com a cultura e a religião judaica, estava em um processo de perda total dessa identidade, fato bastante comum na Europa Central e Ocidental naquele período.[15]

Herzl nasceu em Pest, a 2 de maio de 1860.[16] Sua adolescência presenciou o extraordinário crescimento da cidade, assim como o aumento da sua população judaica (em números absolutos e relativos), parte da qual oriunda da Europa Oriental. Em 1880, a cidade já contava 72 mil judeus dentre seus 371 mil habitantes, quase 20% do total. Esses números tinham a ver com a "expulsão" dos judeus do *shtetl*, bem como com a dificuldade de sua absorção pelas cidades industriais russas, como foi visto em capítulo anterior.

A IDEIA DE ESTADO

Embora assimilacionistas, os pais de Herzl colocam-no numa escola judaica e comemoram seu *bar-mitzvá*. Depois, encaminharam-no para uma escola técnica, detestada pelo pequeno Herzl, cujos interesses se concentravam nas humanidades.

Com 15 anos, ele abandona o curso e passa a se dedicar, sob a supervisão de professores particulares, ao estudo de francês, inglês, piano e cultura clássica. Afirmam seus biógrafos[17] que o jovem Herzl sentiu-se muito feliz durante o ano em que esteve longe da escola e seguro contra as manifestações antissemitas. O passo seguinte foi seu ingresso no "Ginásio Evangélico", que abrigava muitos garotos judeus da elite. Em 1878, mudou-se para Viena, então capital do Império Austro-Húngaro, nunca mais tendo retornado a Budapeste.

Na capital do Império, sede da cultura alemã, dentro da qual fora educado, Herzl opta por cursar a Faculdade de Direito. Quase não usa seu diploma: prefere escrever a advogar. Sobe na carreira de jornalista e acaba por fazer parte do corpo redacional da *Neue Freie Presse (Nova Imprensa Livre)*, o mais importante jornal vienense de então, talvez o mais relevante de todo o Império Austro-Húngaro. Poucos meses depois, ele é designado como correspondente do jornal em Paris.

Se Viena era o centro do Império Austro-Húngaro, Paris era o centro do mundo. O ano de 1892 era já um período de crise na França, crise essa, porém, obnubilada por um viver fútil e pleno de prazeres por parte de uma pequena camada de *bons vivants*. Problemas econômicos, sociais e políticos já existiam, mas frequentemente afloravam sob a aparência de preconceitos, inclusive os antijudaicos.

O jornalista de *Neue Freie Presse* recebe instruções para escrever sobre problemas internacionais, arte, economia e política desde essa Paris cosmopolita e um tanto superficial. Assunto não lhe faltou.

De início, quase não abordou temas judaicos. Mesmo as publicações antissemitas, que apareciam continuadamente, não o levaram a fazer grande referência ao assunto. Mas, em 1894, o capitão Dreyfus

177

OS JUDEUS

foi destituído de suas insígnias e da espada, acusado que fora de espionagem. A cerimônia tem sido descrita como a gota d'água que transforma o assimilado *ieke*[18] "no sionista que ele tinha de ser".[19] Os gritos de "morte ao traidor" pareciam até algo razoável aos ouvidos de Herzl, considerando o peso das acusações. O que não podia entender eram os apelos: *"À mort! À mort les juifs!"* (À morte! Morte aos judeus!).

Saindo de Budapeste para Viena e desta para Paris, Herzl acreditava estar envolvendo-se cada vez mais na civilização moderna, na civilização ocidental, na República, no liberalismo. Para alguém como ele, as manifestações antissemitas provocaram um terrível choque. Todos seus biógrafos são unanimes em reconhecer que foram elas que o levaram a procurar uma solução para o que julgava ser o "problema judeu".

De fato, a partir de 1894, levanta a bandeira do Estado Nacional judaico.

De início, procura interessar os magnatas judeus para transformar seus sonhos em realidade. Nos primeiros dias de maio de 1895, escreve uma carta ao barão Hirch que começa assim:

> Prezado Senhor,
> Quando poderei ter o privilégio de visitá-lo? Espero discutir o problema judeu consigo. Não se trata de uma entrevista ou menos ainda de algo ligado, direta ou indiretamente, a dinheiro. Quero discutir consigo um plano político judaico, cujos efeitos talvez se estendam a dias em que o senhor e eu não mais estivermos aqui.[20]

Cerca de um mês depois, o barão Hirch recebia Herzl. O barão tinha fundado em 1891 a ICA (Jewish Colonization Association) com a finalidade de resolver o problema da pobreza do judaísmo russo por meio da transferência de milhões de pessoas para a Argentina. O plano, mais tarde alterado, nunca atingiu a amplitude prevista, mas facilitou a saída de grande número de judeus da Rússia para regiões agrícolas da Argentina, assim como do Sul do Brasil.

178

A IDEIA DE ESTADO

Theodor Herzl observando o rio Reno,
por ocasião do Quinto Congresso Sionista de 1901, na Basileia.

Herzl expôs seu plano, concluindo com as duas possíveis soluções que vislumbrava para o "problema judeu". A primeira, a *assimilação*, através da educação das massas judaicas dentro da ideia de autossacrifício nacional. Isto, porém, levaria algumas décadas, segundo ele, bem mais do que a segunda solução, baseada na *emigração*. O barão? Ele não se mostrou nem um pouco encantado com as ideias de Theodor Herzl.

O conteúdo específico das propostas de Herzl será discutido em outra passagem deste livro. Por enquanto, o que interessa é apenas mostrar as opções de solução para o chamado "problema judeu" que ele apresenta.

Após Hirch, Herzl tenta Rotchild, outro magnata judeu. Depois, busca o apoio fora dos quadros judaicos, com os estadistas ou simples líderes políticos. Em 1896, publica seu famoso *Judenstaat* (*O Estado Judeu*). Organiza, para o ano seguinte, aquele que seria conhecido como o Primeiro Congresso Sionista. Após ser impedido de realizá-lo em Munique, na Alemanha, opta por Basileia, na Suíça.

Sionismo e imperialismo

É importante ressaltar um equívoco muito frequente de estudos que apresentam uma perspectiva "mecanicista" e superficial, forçando uma suposta articulação, destituída de qualquer mediação, entre a ideia sionista e o imperialismo. Autores como Uri Avnery,[21] por exemplo, podem passar a impressão de que a ideia do sionismo foi aceita por unanimidade pelas potências imperialistas da Europa, bem como pelos judeus bem ajustados das grandes comunidades ocidentais e mesmo pelos magnatas. Na realidade, isso não ocorreu, principalmente, no seu início.

Fiz o levantamento de como aparecem referências ao Congresso Sionista de 1897 no jornal *The Jewish Chronicle*, semanário conservador judaico editado em Londres. Vale a pena reproduzir alguns documentos que traduzi.

A 30 de abril de 1897, aparece uma "carta à redação":

> Senhor,
> Considerando a importância do próximo Congresso de Sionistas em Munique, peço permissão, como Presidente do Comitê Executivo dos Sionistas da Galícia, para discutir o movimento em seu jornal.

A IDEIA DE ESTADO

O Sionismo entrou em uma nova fase. A ideia acalentada por muitos séculos no coração dos judeus começou a se cristalizar uns quinze anos atrás. Em todas as partes do mundo, os homens se levantaram, homens cujos olhos foram abertos pelas terríveis perseguições na Rússia e Romênia, pela influência dos trabalhos de Moisés Hees, Hirsh Kalisher e Leon Pinsker e pelo forte desenvolvimento recente da literatura hebraica, para a ideia da recolonização da Palestina (...). No ano passado, o movimento recebeu um poderoso impulso com a publicação de *O Estado Judeu*, do Dr. Herzl. (...) Um encontro de todos os sionistas é de vital importância. Nós esperamos ouvir de nossos camaradas sobre as condições dos judeus em outros países, qual é sua opinião sobre os passos a serem dados no futuro imediato. Esperamos conhecer uns aos outros e adotar um programa comum. Portanto, eu me dirijo aos meus irmãos ingleses, desde o longínquo leste e solicito urgentemente que se juntem a nós. Irmãos ingleses! (...) Encontrem-nos em Munique e estejam certos de que esta primeira prova de solidariedade será muito proveitosa para a Nação Judaica. Deixem-nos confessar descendentes de uma mãe comum, deixem-nos lutar por objetivos comuns e nós ganharemos o apreço do mundo.

Seu, obedientemente,

Adolph Stand.

Lemberg, 22 de abril de 1897.[22]

O projeto de Herzl começa a ser intensamente discutido no jornal, por meio de "cartas à redação", de editoriais ou até de noticiário apresentado da forma que se segue, na data de 11 de junho de 1897.

A sugerida conferência sionista em Munique
Em resposta a um "chamado" assinado por um número de ministros e laicos em Nova York, um encontro realizou-se naquela cidade no último dia 25, para considerar o convite recebido para a escolha de representantes de judeus nos Estados Unidos para a sugerida Conferência Sionista a ser realizada em Munique em

181

agosto (...), a seguinte resolução foi adotada por 13 a 5. "Qualquer associação dos judeus com a Palestina desperta nosso interesse e toca uma corda nos corações judaicos. *Nós desaprovamos, entretanto, qualquer formação de um Estado Judeu na Palestina de tal maneira que possa ser construído lançando dúvida a respeito da cidadania, patriotismo e lealdade dos judeus no país em que residem.* Nós reafirmamos nossa convicção de que a verdadeira missão do judaísmo é religiosa e não política e que qualquer plano ou propósito para a sublevação do povo judeu, como esse, deve ser examinado pelo seu valor espiritual e propósito (...)".[23]

Nesse mesmo tom, aparecem várias outras declarações e comunicados, de diferentes partes do mundo, frequentemente contrários à realização do encontro e, mais ainda, à própria ideia sionista. O Comitê Executivo da União dos Rabinos da Alemanha, por exemplo, declara que:

> (...) 1) os esforços dos assim chamados sionistas em criar um Estado Nacional judaico na Palestina são antagônicos às promessas messiânicas do judaísmo como contidas nas Sagradas Escrituras e em fontes religiosas posteriores.
> 2) O judaísmo obriga seus seguidores a servir o país ao qual pertencem com a máxima devoção....

Razão pela qual condenam o Congresso proposto e alertam os bons cidadãos a não participarem dele em nenhuma hipótese, em nome da religião e do patriotismo.[24]

Dos argumentos apresentados pelas cartas e declarações vai ficando claro que, de início, os membros do "judaísmo ocidental" estavam rejeitando o sionismo por conta de um argumento central, a lealdade que deviam como cidadãos aos diferentes países em que viviam, e a partir de pretextos inconvincentes, como a contradição entre as ideias messiânicas e o sionismo.

Na verdade, dois rabinos, Kalisher e Alkalai, já haviam tentado estabelecer uma síntese entre messianismo e sionismo. Suas ideias principais baseavam-se não apenas na inexistência da contradição, como na própria necessidade do "retorno a Israel". Alkalai fala da dificuldade da Redenção com o povo tão espalhado e mostra, por meio de passagens bíblicas, que era obrigação dos judeus resgatar a Terra Santa dos "infiéis" como o fizera Josué, por exemplo.[25]

Kalisher também parte das Escrituras para mostrar que a Redenção não será feita de um só golpe, mas gradualmente. Cita Isaías, que afirma que

> naquele dia (o da Redenção) se tocará uma grande trombeta e os que foram desterrados tornarão a vir.

Mas, diz também que

> vós, os filhos de Israel, sereis colhidos um a um.[26]

As ideias de Kalisher chegaram a influir sobre certos setores religiosos, mas seu esforço se perdeu, já que não houve, como em ocasiões anteriores – refiro-me, no caso, especialmente a Pinsker –, continuidade, ou melhor, articulação entre teoria e prática.[27]

O problema religioso não era tão grave, mas um pretexto. Um pequenino editorial, datado de 9 de julho de 1897, deixa clara a posição antissionista de largas faixas do judaísmo emancipado da Europa Ocidental. Sob o irônico título de *O Congresso do Dr. Herzl*, anuncia inicialmente o fracasso de sua organização em Munique e sua transferência para a Basileia, na Suíça. Depois, afirma que quase ninguém respondeu positivamente ao convite para a reunião e segue da forma que é transcrita:

> (...) Da Áustria, Alemanha, França, América e Inglaterra, protesto após protesto levantaram-se *contra a tentativa do Dr. Herzl em dar aos antissemitas uma formidável arma contra os judeus*. A simples ideia de realizar um Congresso "Internacional" foi um insulto ao patriotismo dos judeus de várias nacionalidades, e os antissemitas rapidamente se aproveitaram da infundada insinuação de que os judeus são confessadamente cidadãos antipatrióticos dos Estados nos quais vivem agora.[28]

Sionismo e burguesia judaica

Aí está o ponto. Nenhuma referência aos judeus da Rússia, nenhuma preocupação, a não ser a de defender sua posição de cidadãos acima de qualquer suspeita, leais, burgueses respeitáveis, enfim, "ingleses de fé mosaica". Qualquer ideia que pudesse "insinuar" falta de patriotismo dos judeus à terra que os havia acolhido tinha que ser rejeitada sem maiores exames. Seu processo de integração nas sociedades capitalistas ocidentais não poderia ser ameaçado pela "inabilidade" dos sionistas que ousaram falar de "nacionalidade" judaica, de "terra e povo judeus" e, pior de tudo, da criação de um eventual "Estado Judeu".

Esse temor continuaria assustando alguns setores, mas desapareceria, com rapidez impressionante, em outros. A ideia sionista vai adquirindo, aos poucos, não mais uma fantasmagórica aparência de ameaça, mas até mesmo de solução para as camadas assimilacionistas do judaísmo da Europa Ocidental.

Setores mais integrados e ricos das comunidades judaicas iriam reconsiderar suas opiniões com relação ao sionismo. Em outra parte deste capítulo, mostrarei o caráter real da pregação de Herzl e sua *não contradição* com os interesses daquelas camadas. Por enquanto, cabe apenas documentar algumas reformulações feitas pela imprensa.

No mês de agosto, o tom do *The Jewish Chronicle* já é bem diferente. A adesão dos conhecidos intelectuais judeus Israel Zangwill e Max Nordau ao sionismo é destacada. Era um aval. E a cobertura dada ao Congresso, que afinal se realizou na cidade suíça de Basileia, tem passagens que seriam inadequadas se o tom de crítica irrestrita ao sionismo se mantivesse. Como esta:

> (...) O Dr. Herzl então subiu à tribuna a fim de fazer a saudação de boas-vindas. Dizer que ele recebeu ovação é usar uma expressão muito branda. Tantos aplausos, tamanha excitação são raramente experimentados na Inglaterra e vários minutos se passaram até que o encontro reassumisse a calma que o caracterizara até então. Um homem menos forte do que Herzl demonstraria grande emoção em sua saudação (...).[29]

A IDEIA DE ESTADO

Quando, 20 anos depois, a Declaração Balfour prometeria um lar judaico na Palestina, anúncios nos principais jornais ingleses – judeus e não judeus – foram publicados pela Federação Sionista Inglesa, destacando

> uma demonstração judaica para agradecer o Governo pela sua declaração em favor do estabelecimento na Palestina de um lar nacional para o povo judeu.[30]

A demonstração, marcada para um domingo, dia 2 de dezembro na London Opera House, seria presidida por ninguém menos que o *Lord* Rotchild e contaria, entre os nove oradores prometidos, com a palavra de Israel Zangwill e Chaim Weizman (que, mais tarde, se tornaria o primeiro presidente do Estado de Israel).

Talvez não por acaso, no mesmo número do jornal, saía um anúncio de página inteira da "Liga dos Judeus Britânicos, uma associação de súditos britânicos que professam a religião judaica" com os seguintes objetivos:

> 1. preservar o *status* dos súditos britânicos que professam a religião judaica;
> 2. resistir à alegação de que os judeus constituem-se em nacionalidade política separada;
> 3. facilitar o estabelecimento na Palestina dos judeus que desejam fazer dela seu lar.

O manifesto continua justificando a Liga:

> A Liga dos Judeus Britânicos foi fundada para preservar os princípios pelos quais nossos pais lutaram e pelos quais eles conseguiram para nós a emancipação e completa igualdade de direitos. (...) *Os súditos britânicos que professam a religião judaica não têm nem podem ter nenhuma outra nacionalidade política senão a do Império Britânico,* que eles ajudaram a construir e para o qual estão orgulhosos em ter oferecido suas vidas.[31]

Esse tipo de reação continuou havendo, sempre. Mas o movimento sionista foi se legitimando cada vez mais, apesar das "Ligas" que se organizavam em vários países. Era grande a desconfiança do judeu aspirante a posições econômicas, políticas e sociais mais significativas em sociedades, como a inglesa, diante de um movimento que, à primeira vista, ameaçava algumas de suas posições. De fato, por meio da emancipação vinha a falsa impressão da solução do "problema judaico". Ora, a solução poderia chegar – e muitas vezes até chegava – em caráter pessoal, através da ascensão social. Mas a percepção era a de que os judeus, mesmo se chamados de "súditos de fé judaica", ainda eram muito vistos, simplesmente, como "judeus", e isto se manteve por muito tempo, com ou sem "Ligas".

Herzl percebeu melhor e um pouco mais longe o que acontecia de fato. Sentiu que o que preocupava o judeu bem-posto na vida era o perigo de ele ser considerado pelos seus iguais não judeus – ou seja, indivíduos da mesma classe social – como idêntico ao judeu pobre. Não queria ser identificado, prioritariamente, como judeu, mas como europeu. Na verdade, o judeu ocidental e burguês gostaria que o pesadelo de uma identificação com o judeu oriental não mais ocorresse. Para as "Ligas", a solução era simples, grosseira, sem dúvida, mas com as cartas na mesa. Herzl escreveu livros e criou os Congressos Sionistas. Teria ele, no fundo, objetivos muito distintos dos objetivos dos membros das Ligas?

Cabe agora verificar, com certo cuidado, as principais ideias do líder sionista e tentar analisá-las. Para tanto, vou me basear particularmente em sua obra principal, *O Estado Judeu*.

O Estado Judeu

A primeira edição de *O Estado Judeu*, publicada em Viena, data de fevereiro de 1896. Mesmo a historiografia judaica reconhece que a

A IDEIA DE ESTADO

grande virtude de Herzl não foi ter *criado a ideia* do Estado Nacional, mas tê-la idealizado de forma racional e minuciosa. Grinboim, no seu estilo adjetivado, após referir-se às ideias já lançadas anteriormente por Hess e Pinsker, afirma que

> Herzl foi o primeiro que teve o valor de formular em voz alta esta palavra (O Estado Judeu), ao mesmo tempo grandiosa e terrível, de pronunciar o nome santificado e proibido do movimento de redenção judaica e lançá-lo dentro do espaço judeu e gentio.[32]

Contudo, logo na introdução, vão aparecendo dados que permitirão analisar, com cuidado, as semelhanças e diferenças entre Herzl e Pinsker, principalmente. De fato, o autor de *O Estado Judeu,* ao criticar o "lugar-comum" de considerar o judeu dependente do "povo-hospedeiro", lembra que, primeiramente, não é verdade que todos os judeus estejam desvinculados diretamente do trabalho produtivo; e, depois, que ser empresário (como muitos) não é vergonhoso. Muito pelo contrário, uma vez que:

> O trabalho sem espírito de empresa é o velho trabalho rotineiro. O camponês, que se encontra ainda no mesmo ponto onde estiveram os seus antepassados, há mil anos, fornece-nos disso um exemplo típico. Não há bem-estar que não tenha sido realizado por espíritos empreendedores.[33]

Esta primeira declaração de Herzl, aparentemente de cunho retórico, tem, no entanto, um significado bem mais profundo, uma vez que fornece a característica fundamental de seu nacionalismo, como descrevo ao final deste capítulo: a de ser uma ideologia burguesa europeia. A concepção empresarial das relações de trabalho – o empresário é insubstituível, o operário pode ser substituído pela máquina – e a oposição entre a civilização e a barbárie – leia-se, oposição entre Europa e o "resto" do mundo – constituem a chave para a compreensão do caráter real de *O Estado Judeu.*

187

Mas não há por que nos adiantar demais. Voltemos ao texto.

> *A questão judaica existe*. Seria tolice negá-la. É um pedaço da Idade Média desgarrado em nossos tempos e do qual os povos civilizados, ainda que com a melhor boa vontade, podem não se desembaraçar.
> Apesar de tudo, deram prova de generosidade, emancipando-nos. A questão judaica persiste onde quer que vivam os judeus em número apreciável. Onde não existia foi levada por imigrantes judeus. Procuramos, naturalmente, aqueles lugares onde não nos perseguem e aí, todavia, a perseguição é a consequência do nosso aparecimento. Isto é verdade e permanecerá verdade por toda parte, mesmo nos países de civilização adiantada – a França é uma prova – por tanto tempo quanto a questão não for resolvida politicamente. *Os judeus pobres levam agora, consigo, o antissemitismo à Inglaterra, depois de já o haverem levado à América.*[34]

Este breve excerto da introdução do próprio Herzl à sua obra fornece-nos rico material analítico. Primeiramente, e embora não lidando com categorias de explicação histórica, há o reconhecimento (em 1896) de que a "questão judaica", da forma como se apresenta, é um resquício de um sistema produtivo há muito ultrapassado na Europa Ocidental. Portanto, uma questão, em si, anacrônica, que a boa vontade dos "povos civilizados" não havia conseguido superar. Herzl reitera a boa vontade desses "povos civilizados", que, "numa prova de generosidade, emanciparam-nos". Ora, se a "culpa" da existência da "questão judaica" não é dos "povos civilizados", será de quem? Dos próprios judeus, responderá Herzl, logo adiante. Ou melhor, *dos judeus pobres*, que levam consigo o antissemitismo para onde quer que se dirijam. Esses judeus, os miseráveis da Europa Oriental, teriam, pois, a responsabilidade não apenas de engendrarem sua própria marginalização, como ainda de fazerem com que judeus "civilizados" e "não medievais" – ou seja, os ocidentais, ou seja, Dreyfus, e mesmo o próprio Herzl – possam ser vítimas de antissemitismo.

Herzl com delegados no Primeiro Congresso Sionista.

Herzl deixa claro que a "questão judaica" não é um problema de caráter exclusivamente *nacional* – ele diz isso textualmente –, mas, principalmente, uma questão *social*. Pois, afinal, Herzl se vê como o ocidental a quem a emancipação foi outorgada com sucesso. A emancipação transforma todo judeu em um cidadão, destituído de seu caráter medieval, portanto judaico? Não. A emancipação outorgada aos judeus ocidentais dizia respeito à burguesia, alta ou média, dificilmente à pequena burguesia, e, à exceção de algum caso esporádico, não se referia ao proletariado. Ora, se o problema é causado pelo judeu pobre, já que ele constitui um resquício da Idade Média, fica nítido o caráter da visão de Herzl que identifica o judeu como sendo apenas o pobre, o responsável pela rejudaização de quem quer ser absorvido e identificado como um cidadão ocidental.

Nesse nível, Herzl embarca num equívoco muito frequente: o de atribuir aos judeus da Europa Oriental a responsabilidade pelas

OS JUDEUS

perseguições antissemitas na Europa Ocidental, sob o pretexto da rejudaização provocada por esses judeus não ocidentalizados. Neste equívoco, aliás, incorre até o autor marxista e trotskista Abraham Leon, que afirma:

> (...) se o judaísmo não desapareceu completamente no Ocidente, é graças ao afluxo maciço dos judeus da Europa Oriental.[35]

Mais uma vez e de novo se atribui aos processos migratórios a responsabilidade pela rejudaização. Na verdade, aceitar isso seria reconhecer a inexistência de outro mecanismo, o da *"elaboração" do judeu*. Insisto em explicar que os judeus ocidentais não se identificavam, eles mesmos, com os judeus orientais, mas eram identificados, de fora para dentro, a partir de interesses da própria classe dominante do país em pauta. Claro que havia uma diferença cultural real entre um judeu recém-saído do *shtetl*, com suas roupas, suas práticas religiosas, sua visão de mundo, de um lado; e de outro, o judeu ocidental emancipado, bi ou multilíngue, pouco religioso, vestindo roupas ocidentais, desrespeitando o descanso de sábado, conhecendo mais Aristóteles do que Maimônides. Isso é óbvio. *O que insisto em mostrar é que, no mundo capitalista competitivo – seja no mundo dos negócios, seja na disputa por uma cátedra universitária –, todas as armas são usadas, e se alguém puder prejudicar o outro dizendo que ele é um "judeu", referindo-se à sua suposta semelhança com o judeu russo, referindo-se a uma suposta identidade judaica que transpassa as fronteiras e é a mesma que une o barbudo e o barbado, o de capote preto e o de paletó azul, o que tem dois filhos e o que tem uma prole de no mínimo meia dúzia, essa pessoa vai fazer isso.* Nunca perderá a oportunidade de atribuir caráter "minoritário" a um grupo específico de pessoas, mesmo que, objetivamente, não haja diferenças entre quem está segregando e quem está sendo segregado. Será sempre uma oportunidade a mais que não pode ser desprezada no mundo competitivo. *Tachar de diferente era um primeiro passo para afastar alguém do poder. O que, portanto, "rejudaizava" o emancipado judeu ocidental não era, simplesmente, a presença do migrante pobre, mas a competição social, inerente à sociedade capitalista.*

O *pretexto* de Herzl e não a *razão* de Herzl era a presença do judeu do *shtetl*.[36]

Insisto em ressaltar que, ao atribuir-se uma identidade judaica genérica de "judeu" a um burguês ocidental, fica mais fácil falar de certa "essência judaica" não muito bem definida – e às vezes nem um pouco definida (ele teria matado Cristo? Bebido sangue de meninos cristãos na Páscoa judaica? Obtido um lucro irregular em transações comerciais?). O importante, porém, é que essa suposta "essência" seja a mesma nos judeus orientais – estes, claramente "diferentes". Uma vez estabelecida a semelhança entre os judeus, graças à "essência comum", fica fácil provar a diferença entre os burgueses não judeus e burgueses judeus. Por mais que estes não tivessem interesse nisso. Por mais emancipados que fossem.

O judeu ocidental, burguês e assimilacionista, não se rejudaizava, para depois ser identificado. Antes, era identificado. Depois, e nem sempre, rejudaizava-se, ou era rejudaizado.

Herzl prossegue, no seu texto, dizendo que o antissemitismo é um movimento altamente complexo, uma vez que se compõe de preconceito hereditário, competição profissional, intolerância religiosa e mesmo legítima defesa. E conclui a ideia, declarando textualmente:

> não considero a questão judaica nem como uma questão social nem como questão religiosa, embora se revele, às vezes, sob estas ou outras formas. É uma questão nacional e para resolvê-la é preciso, antes de tudo, transformá-la em um problema político internacional a ser regulado num conselho das nações civilizadas.[37]

Em seguida, Herzl tenta mostrar as falhas e limitações de outras soluções propostas. A assimilação é impossível, simplesmente porque "não nos aceitam". Por mais patriotas que os judeus possam ser, por maior que seja sua contribuição às artes e às ciências, por mais que sua residência em cada país date de séculos, seu caráter de "estrangeiro" é sempre lembrado. *"A maioria pode decidir quem é estrangeiro", já que esta é uma questão de poder e força e não de direito.* O caso dos huguenotes, forçados a emigrar, dá bem uma ideia da primazia da força sobre o direito.

Enredado por seus próprios argumentos, Herzl desconsidera qualquer tipo de opressão, a não ser a nacional. É possível notar que, *para ele, o conceito de estrangeiro, como cidadão de segunda classe, como indivíduo cujos direitos estão em processo constante de questionamento, não abrange a faixa – bastante mais vasta que os judeus – dos explorados.* Na própria Rússia, o problema social atingia tanto os judeus quanto os não judeus. O fato de aqueles sofrerem um processo de rejeição como minoria não modifica o fato de que a maioria (e não a minoria, como pensava Herzl) ficava à margem do poder. Claro que é, como dizia ele, uma questão de poder. Mas a noção de poder de Herzl não tem relação direta com maioria, com o número de pessoas que o detém. Isso seria ditadura do proletariado, ou algo por aí.

Outra saída potencial para o povo judeu, continua Herzl, seria abrir mão de sua especificidade, principalmente em situações de pressões e perseguições. Mas essa "solução" já demonstrou ser, historicamente, inviável, uma vez que "nenhum povo suportou combates e padecimentos semelhantes aos nossos" e continuou mantendo sua identidade.

Disso tudo, conclui que a existência, bem como a continuidade do povo judeu, é uma determinação histórica. Não se preocupa com defecções individuais:

> Quem pode, quer e deve desaparecer (enquanto judeu) que desapareça! *Mas a personalidade do povo judeu não quer, não pode e não deve desaparecer.* Não pode, porque elementos exteriores contribuem para mantê-lo. Não quer, e isto o provou durante dois mil anos, no meio de padecimentos inomináveis. Não deve desaparecer – é o que tento demonstrar neste escrito, de conformidade com muitos outros judeus que nunca desesperaram. Ramos inteiros do judaísmo podem desaparecer, destacar-se; a árvore continua viva.[38]

A IDEIA DE ESTADO

Prevendo as reações – que de fato existiram – por parte dos judeus em estado avançado de assimilação, Herzl garante que um Estado Judeu (1) não iria solicitar sua presença, já que nada tem a ver com eles, que são franceses (ou de outras nacionalidades) de fé mosaica; (2) seria benéfico a eles, uma vez que facilitaria sua "função cromática"; e (3) liquidaria o problema do proletariado judaico, impelido de país para país pela concorrência e criando dificuldades para as comunidades judaicas dos locais a que chega. Em seguida, assegura que bem organizado, em escala grandiosa e bem estruturado financeiramente, o Estado Judeu não cometeria o erro das instituições de assistência aos judeus. Sobre essa questão, reconhece que

> Certas associações de socorro foram criadas não para, mas contra os judeus perseguidos. É preciso, sobretudo, que os demais pobres sejam transportados muito rapidamente e para bem longe. E é assim que, por uma observação atenta, descobrimos que mais de um amigo dos judeus é, na realidade, um antissemita de origem judaica disfarçado em benfeitor.[39]

Apesar das simplificações, Herzl chega, frequentemente, a conclusões interessantes, embora contraditórias, como sua própria tese central. No texto acima, fica explícito o caráter social do "problema judaico", com os judeus estabelecidos e ajustados na sociedade burguesa ajudando a manter longe de si os necessitados, melhor dizendo, o *lumpemproletariado*. Mais uma vez, Herzl cai em sua própria armadilha, pois, querendo demonstrar como se coloca a questão *nacional*, acaba revelando a *social*. De qualquer forma, o suposto "antissemitismo" da burguesia judaica ocidental – e a referência atinge desde instituições de simples ajuda até grandes companhias, tipo ICA, que despachavam judeus para a Argentina – é uma expressão um pouco injusta e muito perigosa.

Por ser uma questão basicamente social – embora tomando uma aparência nacional –, judeus do Ocidente não tinham interesse na presença de seus "irmãos" perto deles. Pelo mesmo motivo, o próprio Herzl iria encontrar uma solução, exatamente para essas massas, na Palestina. A diferença real e não ideológica entre "despachar" os *lúmpen* para a Argentina ou para a Palestina nem chegava a ser uma questão geográfica, uma vez que o próprio Herzl, de início, não considerava o Oriente Médio como sede obrigatória para o cogitado Estado Judeu. Era uma questão de "escala", um problema de administração, em primeiro lugar. E, em segundo, o fato de, para Herzl, a existência do Estado ser fundamental.

Efetivamente, *tanto a ideia da eficiência empresarial quanto a do Estado Nacional não podem ser consideradas ideias tiradas das chamadas tradições judaicas.* Antes, são concepções europeias, oriundas da ideologia dominante, como se revela facilmente.[40]

Uma solução europeia

Avançando no texto de Herzl, avançamos na compreensão do problema. Após tranquilizar a média e alta burguesia judaica, garantindo que o Estado, em vez de prejudicar sua posição, poderia até beneficiá-la, Herzl se volta para a pequena burguesia, com seus mitos de ascensão social, quando descreve como será concretizado o sonho sionista.

> Para isto é preciso, antes de tudo, fazer tábula rasa de muitas ideias antiquadas, passadistas, atrasadas, confusas e estreitas. Assim, espíritos limitados pretenderão, antes de tudo, que a migração, saindo da civilização, deverá dirigir-se ao deserto. Absolutamente! Ela se efetuará em plena civilização. *Não desceremos a um grau inferior*; ao contrário, elevar-nos-emos. Não ocuparemos choças de barro e palha, mas belas casas modernas que poderão ser habitadas sem perigo. Não perderemos os bens adquiridos, mas os valorizaremos. Cederemos os nossos direitos apenas por outros melhores. Não nos separaremos de caros

hábitos, nós os levaremos junto. Não abandonaremos a nossa velha casa antes que a nova esteja acabada. *Só partirão aqueles que têm certeza de assim melhorar a sua sorte.* Primeiro os desesperados, depois os pobres, depois os remediados e, por fim, os ricos. Os que partirem na vanguarda ascenderão às camadas mais altas, que então enviarão os seus membros. *A migração será ao mesmo tempo um movimento de ascensão de classe.*[41]

Nesse trecho, dois aspectos merecem ser discutidos. Primeiro, a oposição civilização/barbárie, que deve ser entendida dentro da visão europeia e burguesa do mundo.

Em plena fase imperialista, a Europa considerava-se o "centro do mundo", com todo o direito de transmitir sua cultura e seus valores aos países do "resto do mundo".

Na verdade, a expansão de capitais e a colocação de produtos industrializados em troca de matéria-prima estavam na base do imperialismo. O que emergia, entretanto, de forma genérica e em nível ideológico – e mesmo como fator de "identificação" entre as classes médias e as camadas dominantes – era a consciência coletiva de superioridade da civilização europeia sobre qualquer outra, em qualquer parte do mundo. Herzl preocupa-se em acalmar aqueles que pudessem imaginar (oh, horror!) uma eventual adequação dos migrantes ao local para onde se dirigissem. Não! Nada de "deserto".

Outro aspecto significativo é a ginástica que Herzl faz para ir ao encontro das aspirações da classe média, temerosa lá, como em qualquer lugar, de perder sua pretendida independência, apavorada diante da possibilidade de se proletarizar, acalentando impossíveis sonhos burgueses. A solução foi criar um mecanismo de elevação social contínuo, promovido pelo Estado Judeu, de tal forma que nunca ocorresse o rebaixamento social. Não fica muito claro – nem ficaria posteriormente – como é que esse nivelamento por cima poderia existir, *numa sociedade que não se propunha a alterar as relações de produção capitalista.* Pelo contrário, a preocupação "empresarial" de Herzl e todo o seu projeto demonstram *sua identificação com uma visão conservadora do mundo*.

Prosseguindo em seu texto, Herzl afirma que é necessário sair e sair logo, já que não há por que esperar melhoria nas condições de vida de judeus, por uma simples e única razão: "As nações entre as quais vivem os judeus são, aberta ou dissimuladamente, antissemitas".[42]

Herzl não tem sequer preocupação em se referir à cultura dos judeus como merecedora de continuidade, ou à "missão" do povo, como queriam líderes religiosos ou culturalistas, tipo Dubnow ou, melhor ainda, Ahad Haam. Sua concepção de povo se origina de fora para dentro:

> Somos um povo – é o inimigo que, sem que a nossa vontade participe disso, nos torna tal e assim tem ocorrido sempre no curso da história. Na angústia, ficamos unidos, então descobrimos subitamente a nossa força.[43]

Herzl iria ser muito combatido por sua insistência em esvaziar o "conteúdo específico" do judaísmo. Para os judeus da Europa Oriental, isso se devia à "má formação" do jornalista vienense, que não teria tido uma "verdadeira" educação judaica. Sua ausência de preocupação nesse nível se revela novamente quando aceita, como perfeitamente válida, em princípio, a opção Argentina em vez da Palestina como o local para ser estabelecido o Estado Judeu (até Uganda, na África, tinha sido cogitado). Já vimos críticas que lhe foram endereçadas por Ahad Haam (o sionismo busca a solução do "problema dos judeus" e não do judaísmo, o que deveria ser o verdadeiro objetivo) e Dubnow (o povo judeu já adquiriu tal nível de desenvolvimento que o "retorno" à territorialidade seria um retrocesso histórico), que discordavam de alguns de seus princípios básicos. O que vai ficando mais claro, à medida que Herzl vai desenvolvendo suas ideias, é não apenas o caráter *não judeu* do seu sionismo, mas seu caráter *europeu*. Há uma passagem notável em seu trabalho quando sonha:

A IDEIA DE ESTADO

Se S.M. o Sultão nos desse a Palestina, poderíamos nos tornar capazes de regular completamente as finanças da Turquia.[44] *Para a Europa constituiríamos aí um pedaço de fortaleza contra a Ásia, seríamos a sentinela avançada da civilização contra a barbárie.* Ficaríamos como Estado Neutro, em relação constante com toda a Europa, que deveria garantir a nossa existência.[45]

A passagem dispensa maiores comentários. Para Herzl, o Estado Judeu deve ser uma cunha europeia na Ásia, ilha de civilização num mundo de barbárie. Não se cogita integrar o Estado proposto no local em que eventualmente ele venha a ser erigido, mas de transplantar a Europa para lá, Palestina, Argentina, Uganda, seja lá onde for. O importante é que a Europa – base estratégica – possa garantir a existência do Estado.

O fato de Herzl conceber o Estado Judeu com a visão de mundo de um europeu irá criar problemas até na própria organização do movimento sionista. Aos poucos, ele será obrigado a rever algumas de suas posições em favor da continuidade do projeto. Alguns dos sonhos mais mirabolantes seriam deixados de lado em benefício de valores com os quais a pequena burguesia judaica da Europa Oriental tivesse condições de se identificar. *A empresa perfeita com que ele sonhara precisaria receber um verniz de sonho messiânico e uma pitada de tradição do* shtetl, porque, para o pequeno-burguês, era um mundo muito distante aquela aventura que Herzl previa:

A nova migração judaica deve efetuar-se segundo os princípios científicos. Há cerca de quarenta anos, as minas de ouro eram ainda exploradas de um modo supreendentemente ingênuo (...) E hoje! Olhem para as minas do Transvaal. Nada de vagabundos românticos. Geólogos e engenheiros dirigem aí a indústria do ouro. Máquinas engenhosas destacam o ouro do que é reconhecido como pedra. Pouca coisa é abandonada ao acaso. Do mesmo modo, o novo Estado Judeu deve ser explorado e ocupado com o auxílio de todos os meios modernos.[46]

197

O movimento sionista

Com concepções muito restritas a uma visão ocidental, europeia e burguesa de mundo – não será exagero lembrar –, as ideias de Herzl sofreram severas restrições em três setores:

- primeiramente, como já mostrei, dos judeus emancipados e aburguesados da Europa Ocidental, que temiam ver ameaçada sua posição, através de dúvidas que poderiam surgir a respeito de sua cidadania e lealdade ao país que habitavam;
- depois, do proletariado judaico, para o qual a ideia sionista não constituía resposta adequada a seus problemas de trabalho, ou num outro nível, às suas propostas de mudança social;
- além disso, esse "sionismo sem Sião" não tocava a sensibilidade da pequena burguesia tradicionalista originária do *shtetl*, a quem, em última instância, o projeto hertzeliano era dirigido.

Somente quando o movimento sionista incorpora valores judaicos desenvolvidos no shtetl *é que ele se expande, tornando-se viável.*[47] A mística, tão necessária a esse tipo de movimento, o sionismo irá buscar nas ideias messiânicas. O ideal abstrato de retorno a Jerusalém então adquire vida, Sião é repensado enquanto realidade palpável. Assim o nacionalismo judaico chega à sua expressão mais acabada.

Permanece a pergunta: afinal, o que é sionismo? Afirmo que é um movimento nacional, cunhado na Europa Ocidental por judeus emancipados, para responder a uma problemática da sociedade capitalista, explicitada pelos judeus do Império Russo. *Tanto quanto a emancipação, o sionismo é negador da Diáspora. Tanto quanto o antissemitismo, elabora o judeu como categoria.* O sionismo, como movimento político, marca uma passagem. Melhor ainda, explicita essa passagem: do *shtetl* à cidade, do medievo à modernidade (como dizia o próprio Herzl). Explico. Dentro do *shtetl*, vivendo num mundo pré-capitalista, os judeus de nada necessitavam para manter sua coesão. Como afirmam os depoimentos registrados nas obras de ficção, "respirava-se judaísmo (*idishkait*) nas ruas". Com o desenvolvimento do capitalismo no Império Russo, e a diferenciação social que esse modo de produção introduziu, houve um momento em que parecia que o judeu poderia desaparecer. Por cima, seria incorporado pela burguesia; por baixo, pelo proletariado. Uma visão esquemática, mecanicista da História dava a impressão de que tudo conduzia a isto: identificado como cidadão, com diferentes faixas sociais da nação hospedeira, a especificidade judaica deveria ter um fim. O fim do "povo classe" seria o fim do povo judeu. *Porém*, em crise, o Império Russo estimulou a ideologia antissemita, a ponto de as portas irem-se fechando a camadas diferentes dentre os judeus: o proletariado não encontra serviço, a média burguesia se apavora, o pequeno-burguês se proletariza. Quando consegue. Quando não, vive no equilíbrio precário do violinista no telhado. Respondendo a esse antissemitismo, apoiando-se no nacionalismo europeu, desenvolve-se o sionismo. Que é fruto das contradições do capitalismo russo que destruíra as bases do antigo regime antes de poder se definir plenamente, de um lado; e da especificidade da existência judaica, de outro.

A modernidade, para os judeus, inicia-se com a emancipação. Caracteriza-se, porém, com o nacionalismo.

Com ele, o medievo é enterrado de vez.

POR UM SIONISMO SOCIALISTA

> *Se o proletariado judeu não encontrar caminhos próprios*
> *e específicos para a realização do sionismo,*
> *este se converterá num sonho vazio e utópico.*
>
> Borochov

A relação estreita, construída ao longo dos séculos, entre o judeu e as leis mosaicas é um fato histórico conhecido. Também é sabido que o cumprimento rigoroso dos preceitos implicou baixo nível de criminalidade, o que acabou sendo exibido como característica judaica. Além disso, o medo de perseguições – que povoaram o imaginário e a vida desse povo durante toda a Diáspora – e a ansiedade em conseguir o beneplácito dos governantes têm conduzido, com frequência, as comunidades judaicas a pressionar seus membros no sentido de não "chamarem a atenção" de forma negativa. Se não através de sanções diretas, ao menos por meio da pressão social, é exercido um controle sobre todos.

Por onde é que a coisa começou? Pelo comportamento das pessoas concretas, ou pelos valores dos quais os judeus são imbuídos por fazerem parte de sua tradição e religião? A questão toda é, muitas vezes, exteriorizada de outra forma. Na realidade, desde o *heder* até os seminários rabínicos, costumava-se apregoar certa "superioridade" da ética judaica sobre outros conjuntos de normas e, como decorrência, a necessidade de cada judeu fazer jus aos valores de justiça e fraternidade estabelecidos por seus ancestrais. Nisso residiria, para muitos – ainda hoje –, a diferença concreta entre o judeu e o gentio.

A ideologia da superioridade ética comparece com muita frequência nas obras dos autores judeus. É curioso verificar – leia-se a seção em que trato do tema – como Dubnow consegue transformar a vida judaica na Diáspora, sabidamente difícil e sofrida, naquilo que denomina "o grau mais elevado de existência nacional", demonstração histórica de superioridade. Ahad Haam preocupa-se com a especificidade da "missão judaica". Para ele, essa "missão", determinada por alguma força superior, provocaria preconceitos e até antissemitismo, mas era uma carga que judeus tinham obrigação de carregar. Para quem questiona essa "visão do mundo", é apresentado o grande trunfo: afinal, quem criou o monoteísmo? Mesmo aceitando que havia povos que cultivavam um só deus, ao menos o *monoteísmo ético* não é algo criado pelos judeus, uma contribuição deles ao mundo? A ideia do Deus que não apenas conduz os exércitos, como também

A IDEIA DE ESTADO

exige comportamento e pune os homens não pela falta na prática de rituais, mas por atitudes não piedosas para com o semelhante, quem desenvolveu? Não foram os judeus?

E assim, em nome dos Grandes Profetas, a ética dos judeus teria se mantido, atravessando mais de 20 séculos, com a rapidez de um segundo, superando realidades históricas diferentes, sistemas produtivos que nada têm a ver com o tribalismo da época dos Juízes, ou o fracassado escravismo do tempo dos Reis.

É possível que o monoteísmo ético ainda esteja influenciando o comportamento dos judeus, milênios após sua elaboração? Épocas diferentes podem manter valores e práticas de sociedades tão distintas da sua? Por se tratar de tema central para a compreensão do monoteísmo ético, vamos voltar um pouco no tempo e lembrar que não se trata de crença desvinculada da sociedade em que foi criada e que sua elaboração tem a ver com os chamados profetas sociais, particularmente Amós e Isaías.

Monoteísmo ético e socialismo

O profeta não é uma criação dos hebreus;[48] ele já existia, entre os cananitas, antigos habitantes da Palestina, com a função de vidente.

Por que então o profeta alcançou importância histórica entre os hebreus? Exatamente porque alguns deles, chamados Grandes Profetas, utilizavam-se de uma forma já existente – o vidente, aquele que, supostamente, apenas prevê os acontecimentos – para dar um novo conteúdo à função. Em outras palavras, o profeta utiliza-se de uma forma subjacente ao mundo em que atua, dando-lhe uma nova dimensão. Tomemos, como exemplos, Amós e Isaías.

Isaías nasceu e profetizou na Judeia, provavelmente só em Jerusalém, durante largo período de tempo, compreendido entre os anos 740 e 701 a.e.c.

De origem social elevada, tinha acesso às principais figuras do reino e sua visão de Deus, embora universal, fazia algumas concessões ao ritual vigente, pelo menos no início de sua pregação:

> No ano da morte do rei Ozias, eu vi o Senhor sentado num trono muito elevado; as franjas de seu manto enchiam o templo. Os serafins se mantinham junto dele. Cada um deles tinha seis asas; com um par (de asas) eles velavam a face, com o outro cobriam os pés e, com o terceiro, voavam. Suas vozes se harmonizavam e diziam: "Santo, santo, santo é o Senhor dos exércitos; a terra toda está cheia de glória". A este brado, as portas estremeceram em seus gonzos e a casa se encheu de fumo. "Ai de mim", gritava eu. Estou perdido porque sou um homem de lábios impuros e habito com um povo (também) de lábios impuros, e, entretanto, meus olhos viram o Rei, o Senhor dos exércitos.[49]

Mais tarde, Isaías evolui para uma visão crítica, como a de Amós, quando afirma:

> Ouvi, Céus, e tu, ó Terra, escuta,
> é o Senhor que fala:
> Eu criei filhos e os enalteci;
> Eles, porém, revoltaram-se contra mim,
> o boi conhece o seu possuidor,
> e o asno, o estábulo do seu dono;
> Mas Israel não conhece nada,
> e meu povo não tem entendimento.
> Ai da nação pecadora, do povo carregador de crimes,
> da raça de malfeitores, dos filhos desnaturados!
> Abandonaram o Senhor,
> desprezaram o Santo de Israel,
> e lhe voltaram as costas.
> Onde vos ferir ainda,
> quando persistis na rebelião?
> Toda a cabeça está enferma, e todo o coração abatido,
> desde a planta do pé até o alto da cabeça, não há nele coisa sã.

A IDEIA DE ESTADO

Tudo é uma ferida, uma contusão, uma chaga viva,
que não foi nem curada, nem ligada, nem suavizada com óleo.
Vossa terra está assolada, vossas cidades incendiadas.
Os inimigos, à vossa vista, devastam vosso país.
(É uma desolação, como a ruína de Sodoma.)
Sião está só, como choupana em uma vinha,
como choça em pepinal,
como cidade sitiada.
Se o Senhor dos exércitos não nos tivesse deixado alguns da
nossa linhagem, nós teríamos sido como Sodoma,
e ter-nos-íamos tornado tais como Gomorra.
Ouvi a palavra do Senhor, príncipes de Sodoma;
escuta a lição de nosso Deus, povo de Gomorra:
"De que me serve a mim a multidão das vossas vítimas? – diz
o Senhor.
Já estou farto de holocaustos de cordeiros
e da gordura de novilhos cevados.
Eu não quero sangue de bezerros e de bodes,
quando vindes apresentar-vos diante de mim.
Quem reclamou isso de vós?
Deixai de pisar em meus átrios.
De nada serve trazer oferendas;
eu tenho horror da fumaça (dos sacrifícios).
As luas novas, os sábados, as reuniões de culto,
não posso suportar a presença do crime na festa religiosa.
Eu abomino as vossas luas novas e as vossas festas!
Elas me são molestas, estou cansado delas.
Quando estendeis vossas mãos, eu desvio de vós meus olhos;
Quando multiplicais vossas preces, eu não as ouço.
Vossas mãos estão cheias de sangue, lavai-vos, purificai-vos.
Tirai vossas más ações de diante de meus olhos.
Cessai de fazer o mal, aprendei a fazer o bem.
Respeitai o direito, protegei o oprimido;
Fazei justiça ao órfão, defendei a viúva.[50]

203

O profeta Amós, segundo
a imaginação de um pintor
na França do final do
século XIX – início do XX.

Amós provavelmente nasceu na Judeia, mas profetizou na Samaria, durante o reinado de Jerobão II (783 - 743 a.e.c.), quando esse reino encontrava-se no apogeu, em termos de extensão territorial. Sua obra é curta e contundente, acreditando-se ter ele atuado no decorrer de um único ano, provavelmente 745 a.e.c. A origem humilde de

Amós, uma forte negação de qualquer tipo de ritualismo, linguagem agressiva e desabusada e, mais do que tudo, um sentimento agudo e intransigente de justiça, essas as características mais evidentes dos nove capítulos do profeta pastor.

O profeta atua no período da monarquia dividida, quando a situação da grande maioria do povo é ruim. Na verdade, concretizam-se as "previsões" feitas por Samuel, quando o povo pede a Deus um rei e o profeta alerta sobre as mazelas que podem ocorrer.

> E juntando-se todos os anciãos de Israel, foram ter com Samuel, em Ramata, e disseram-lhe: – Bem vês que estás velho e que teus filhos não seguem as tuas pisadas; constitui-nos, pois, um rei que nos julgue, como o tem todas as nações.
>
> Samuel, pois, repetiu todas as palavras do Senhor ao povo, que lhe tinha pedido um rei, e disse: – Este será o direito do rei que vos há de governar. Tomará os vossos filhos, e os porá em suas carroças, e fará deles moços de cavalo, e correrão diante dos seus coches, e os constituirá seus tribunos e seus centuriões e lavradores dos seus campos e segadores de suas messes e fabricantes das suas armas e carroças. E também tomará o dízimo dos vossos trigos e do rendimento das vinhas, para ter que dar aos eunucos e servos. Tomará também os vossos servos e servas, e os melhores jovens, e os jumentos, e os empregará no seu trabalho. Tomará também o dízimo dos vossos trabalhos, e vós sereis seus servos. E naquele dia clamareis por causa do vosso rei, que vós mesmos elegestes; e o Senhor não vos ouvirá, porque vós mesmos pedistes um rei.[51]

Estávamos em um processo de transição do sistema tribal, característico da época dos juízes, para um incipiente escravismo que, de resto, nunca alcançaria maiores dimensões. A estrutura política é monárquica, apoiada grandemente numa religião em que o ritualismo desempenha importante papel e o Templo de Jerusalém (no caso da Judeia) é o centro.

No período que vai do Êxodo egípcio às tentativas de monarquia, permanecem os hebreus num estágio tribal de desenvolvimento. Isso vai significar inexistência de propriedade particular de bens de produção – a terra pertencia coletivamente às tribos – e a consequente estrutura social e política. Socialmente, não há divisão por classes, castas ou estamentos, e politicamente, apenas chefias eventuais e geralmente de curta duração, tipo juízes, como Débora, Sansão e Gedeão:

> Depois veio o enviado do Senhor, e sentou-se debaixo do terebinto de Efra, que pertencia a Joás, da família de Abieser. Gedeão, seu filho, estava limpando o trigo do lugar, para o esconder dos madianitas. O mensageiro do Senhor apareceu-lhe e disse-lhe: "O Senhor está contigo, valente guerreiro!" Gedeão respondeu: "Ah, meu senhor, se o Senhor está conosco, por que nos vieram esses males? Onde estão aqueles prodígios que nos contaram nossos pais, dizendo: O Senhor fez-nos verdadeiramente sair do Egito? Agora o Senhor abandonou-nos e entregou-nos nas mãos dos madianitas". Então o Senhor, voltando-se para ele: "Vai – disse ele – com esta força que tens e livra Israel das mãos dos madianitas. Porventura não sou eu que te envio?" "Ó Senhor – respondeu Gedeão – com que livrarei eu Israel? Minha família é a última de Manassés, e eu sou o menor na casa do meu pai". O Senhor replicou: "Eu estarei contigo e tu derrotarás os madianitas como se fossem um só homem".[52]

Não é difícil, para nós, perceber que as diferenças sociais, nesse estágio de desenvolvimento, são pouco expressivas, se e quando existentes. Não há, entretanto, plena consciência dessa possível "justiça social", já que não há outro padrão (injustiça, exploração) a partir do qual esse valor possa ser medido.

A partir do ano 1000 a.e.c. aproximadamente, vai ser tentada uma união das tribos, sob a direção, antes de Saul, depois de Davi. Inicia-se o período que denominamos Monárquico e que corresponde a uma centralização político-administrativa, dentro de um incipiente escravismo e com uma consequente carga de "injustiça social". (O texto de Samuel acima citado, relativo à escolha de um rei pelos anciãos, é bem ilustrativo.)

A preocupação profética com o ritualismo sacerdotal, com os pobres, com os órfãos e viúvas era virtualmente inexistente no passado recente, ao qual foi atribuída uma aura de plena felicidade. Claro que essa atitude, a de atribuir plena felicidade a um passado utópico, não é senão um retorno a uma ideologia de *justiça social* característica do período tribal. Os Grandes Profetas, embora vivendo num determinado momento histórico, ansiavam por outro que tinha existido e que era anterior à centralização administrativa e política. Essa ideologia tribal em plena monarquia não deixa de se constituir em forma arcaica de pensamento ideológico. Entretanto, foi exatamente essa forma aparentemente *reacionária* de pensamento que transformaria o modo de acreditar praticado por algumas tribos médio-orientais no *monoteísmo ético*, da maneira como conhecemos.

Mais tarde, após a destruição do Templo de Jerusalém pelos romanos, e durante quase toda a Diáspora, agrupados em comunidades, sem contato com a terra como espaço produtivo, os judeus iriam sofrer a hipertrofia do ritualismo em oposição à pregação profética. Permanece, porém, o mito, reinterpretado, despido de sua universalidade, limitado como as próprias condições de existência dos judeus. O comportamento de "membro do povo eleito", a ideia abstrata de justiça social, tinha que se adequar às condições objetivas do usurário alemão, do cobrador de taxas na Polônia, do comerciante de produtos supérfluos na França, do artesão russo do século XIX.

Ao muro construído ao seu redor, a cultura judaica respondia edificando outro, alicerçado numa cultura perdida nos séculos e quase esquecida durante as andanças.

O mito, porém, permanece. Surpreendentemente, vai encontrar uma nova forma de expressão já em pleno século XIX. Amós, Isaías e todos os "profetas sociais" saltam 25 séculos, e voltam criticando as injustiças sociais e o papel que deve caber aos judeus para melhorar a vida dos fracos e desprotegidos.

Os precursores modernos: Hess e Sirkin

A biografia de Moisés Hess (1812-1875) não se caracteriza pela originalidade, pelo menos até sua maturidade. Nasceu em Bon, Alemanha, de pais quase emancipados, tendo no avô, rabino, a principal fonte de conhecimentos judaicos. Influenciado por Hegel, chega até Spinoza, com quem se encanta, chegando a escrever, com apenas 25 anos, uma *História sagrada da humanidade, por um jovem spinozista*.

Em 1841, conheceu Marx, tornando-se seu admirador quase incondicional. Os sentimentos, contudo, não parecem ter sido mútuos, já que o criador do "socialismo científico" não perdia oportunidade para criticar Hess pelo seu ecletismo e por sua atuação entre os assim chamados "verdadeiros" socialistas.[53] Em toda sua obra, Hess divide-se entre a lealdade que deve ao proletariado e a que deve aos judeus. Manteve durante a vida toda uma discussão íntima, que alguns autores creem resolvida em sua principal obra, *Roma e Jerusalém*.[54]

Na verdade, nota-se em Hess uma soma de influências que não chega a criar uma unidade lógica. Realmente, ele parte do princípio de que o socialismo pode ser encontrado no judaísmo, ou seja, não passa de uma formulação diferente de uma verdade milenar.

Poderia então o socialismo, da maneira como existe, alcançar os judeus? Hess duvida.

> As massas jamais podem ser levadas ao progresso pelas especulações abstratas. Suas motivações dependem de fatores bem mais profundos do que poderiam imaginar os socialistas revolucionários. Mais do que entre as outras nações, que são oprimidas em seu próprio solo, é entre os judeus que todo o progresso político-social deve ser precedido, necessariamente, da emancipação nacional.[55]

A passagem é simples. Para a realização da justiça social, valor judaico em si, torna-se necessário um solo próprio. Enquanto isso não ocorre, as massas judaicas não teriam condições de "tomar parte no movimento histórico moderno da humanidade".

Trabalhando com conceitos da ortodoxia religiosa judaica e com um socialismo que, apesar de suas garantias em contrário, continuava utópico, Hess não chega a comprometer-se com uma resposta social para a questão operária.

À esquerda, Moisés Hess, e, à direita, Nachman Sirkin.

OS JUDEUS

Já Nachman Sirkin (1868-1924) foi mais um político do que um teórico. Suas referências ao papel e responsabilidade dos judeus aparecem para legitimar suas propostas.

> Agora (a nação judaica) se tornará a mais revolucionária de todas as nações. (...) O judeu é pequeno, feio, servil e baixo quando esquece e nega seu grande caráter. Torna-se distinto e belo no reino social e moral quando retorna à sua verdadeira natureza. Israel pode ser comparado a um gigante adormecido (...). *Ele conhece sua tarefa: fazer justiça e proclamar a verdade.* Sua história trágica resultou em elevada missão. Ele salvará o mundo que o crucificou.
> Israel será, mais uma vez, o povo escolhido, dentre todos.[56]

Sirkin não foi marxista. Seu socialismo tinha a tonalidade rósea da utopia que herdou de Hess. Sua biografia registra Mohilev na Rússia como berço e Minsk como a cidade em que prosseguiu seus estudos. Manteve contatos tanto com elementos do grupo *Hibat Zion* como com os revolucionários russos, o que lhe criou dificuldades políticas com o governo russo, que só pôde resolver partindo para o exílio.

Participou do Primeiro Congresso Sionista de 1897 e já no ano seguinte redigia o artigo "O problema judeu e o Estado Socialista Judeu", em que mostrava que a viabilidade de um Estado Judeu ligava-se organicamente com a possibilidade de ele ser socialista.

> O Sionismo deve ser sensível à opinião das massas judaicas, pois, sem elas, o movimento será natimorto (...). O Sionismo deve fundir-se com o Socialismo, pois este se harmoniza totalmente com os desejos e esperanças das massas judaicas. Fatores técnicos e sociológicos tornam impossível qualquer outra forma de Estado Judeu.[57]

Assim, tenta provar que nem o socialismo é desconhecido para o judaísmo, nem o sionismo entra em conflito com uma revolução social. Segundo ele, essa contradição é falsa: se o sionismo puder

A IDEIA DE ESTADO

incorporar faixas de população judaica distantes do proletariado – e provavelmente irá fazê-lo, reconhece –, nem por isso a ideologia nacional judaica deixa de servir ao operariado judeu. Não é pelo fato de, ocasionalmente, ser verdadeira para os outros é que deixa de sê-lo para os socialistas, insiste Sirkin. Embora em tempos normais as classes lutem entre si, quando em perigo a nação, a união torna-se uma necessidade. Continua desenvolvendo sua argumentação que pouco depois seria encampada por Borochov e conclui ser o sionismo "uma obra criadora dos judeus" e, como tal,

> não se situa em contradição à luta de classes, mas além dela. O sionismo pode ser aceito por cada uma e toda classe de judeus.[58]

Com essa formulação, por vezes acusada de oportunista, Sirkin se opunha a algumas das ideias "empresariais" de Herzl. Achava ele que o território não poderia ser outorgado, mas conquistado pela força das ideias e pelo igualitarismo que pregava. Tornou-se líder dos territorialistas judeus, mas não conseguiria viver na Rússia, devido à repressão.

Em 1909, já nos Estados Unidos, vai se afastando, aos poucos, de sua antiga posição e passa se identificar com o *Poalei Tzion* (Trabalhadores de Sião), partido do qual acabou também sendo líder.

Mas o grande ideólogo do sionismo socialista será mesmo Ber Borochov, tanto pelo esforço de síntese que concebeu como pela influência que viria a ter na formação de partidos judaicos, tanto na Diáspora quanto na Palestina.

Borochov

Ber Borochov (1881-1917), também conhecido por Dov Ber Borochov,[59] nasceu na pequena aldeia de Zalatanoscha, mas foi criado em Poltava, residência forçada de revolucionários russos e importante centro do grupo pré-sionista *Hibat Zion*. Seu pai, judeu ilustrado e professor de hebraico, encaminhou Ber para o ginásio russo, onde a inquietação intelectual de Borochov recebeu influência de populistas russos, e sua vontade de atuação encontrou resposta nas células da social-democracia russa que então se organizavam. Não iria, contudo, permanecer muito tempo nesse agrupamento político, sendo expulso devido às suas tendências nacionalistas, que o levam a participar de Congressos Sionistas.

Não querendo trair a sua formação socialista, busca nos escritos de Marx comprovação de suas ideias, acabando por escrever em 1905 *A luta de classes e a questão nacional* acompanhado – após a repressão de 1905 – de seu mais importante trabalho, *Nossa plataforma*. A "plataforma" era a do partido *Poalei Tzion*, fundado em 1906. O Partido Social-Democrata Judeu Poalei Tzion se opunha não somente à social-democracia russa, mas até mesmo ao Bund.[60]

Abandonando a Rússia em 1907, Borochov continuou escrevendo, principalmente em iídiche, língua que usava buscando melhor se comunicar com o "seu povo". Em 1914, abandonou a Europa, indo para os Estados Unidos, de onde só sairia para voltar à Rússia, quando do desencadeamento da Revolução.

Viveu pouco mais. Em novembro de 1917 morreu, com 36 anos de idade.

Borochov se dizia marxista; mais que isso, marxista crítico. Para ele, não se pode conceituar *nação* como valor puramente espiritual, como pretendiam, entre outros, os bundistas. Pelo contrário, ela deve ser estudada dentro de uma visão materialista. Segundo ele, o próprio Marx deixa implícita a noção de nação na seguinte passagem:

> A relação direta existente entre os proprietários das condições de produção e os produtores diretos – relação cuja forma corresponde sempre de um modo natural a uma determinada fase de desenvolvimento do tipo de trabalho e, portanto, a sua capacidade produtiva social – é a que nos revela o segredo mais

recôndito, a base oculta de toda a construção social e também, por conseguinte, da forma política da relação de soberania e dependência, numa palavra, de cada forma específica de Estado. Isso não impede que a mesma base econômica – a mesma em relação às suas condições fundamentais – possa mostrar em seu modo de se manifestar infinitas variações e graduações, devidas a distintas e inumeráveis circunstâncias empíricas, condições naturais, fatores éticos, *influências históricas que atuam do exterior*, variações e graduações que só se podem compreender mediante a análise dessas circunstâncias empiricamente dadas.[61]

Ber Borochov.

Para Borochov, Marx, ao falar em influências históricas que atuam *do exterior*, estaria, por outro lado, aceitando a existência do conceito de *interior* das formações sociais, ou seja, de uma especificidade que explicitaria a relativa separação das sociedades atuais.[62] Assim, a diferença prática entre as sociedades teria sua origem na "relativa separação das condições de produção em que esses grupos elaboram sua vida".[63]

Dentro desse raciocínio, Borochov estabelece a divisão da humanidade a partir de duas abordagens:

1. pela diferenciação dentro de cada sociedade, por causa dos diferentes níveis de participação na *forma de produção*: são as classes;
2. pela força de diferenciação das *condições de produção*, o que provoca um isolamento relativo: são as sociedades, organismos socioeconômicos como tribos, povos e nações.

Como decorrência dessas divisões, podem ser caracterizadas duas situações potenciais de conflito:

1. *o anseio de uma classe* em alterar sua posição na sociedade, que *gera a luta de classes*, isto é, o conflito entre o grau de desenvolvimento das forças produtivas e o estado das relações de produção;
2. *o anseio de uma sociedade* – ou parte dela – em modificar as suas condições de produção, o que *gera a luta nacional*, isto é, o conflito entre o grau de desenvolvimento das forças produtivas e o estado das condições de produção.

Uma vez estabelecidas essas contradições – e o resultado delas –, Borochov não vai encontrar dificuldades em conceituar *povo* como sendo

> uma sociedade que cresceu nas mesmas condições de produção,

e *nação* como sendo um povo

unido pela consciência da integração dos seus membros individuais, provenientes de um passado histórico comum.[64]

Condições de produção, para ele, são as condições geográficas, as antropológicas e as

> históricas, internas, que se formam no seio de um determinado grupo humano; e externas, ou seja, condições que se manifestam nas relações sociais com seus vizinhos. Estes últimos tipos de condições de produção (históricas) foram criadas no processo de produção, mas têm uma inegável influência independente.[65]

A questão nacional

O que Borochov pretende defender é a ideia de que, apesar de o ponto de partida para a compreensão de *nação* e *povo* dever ser buscado na relação do homem com seu ambiente, não se pode limitar a questão nacional a essa relação. Nem por isso, contudo, identifica o sentimento nacional com a existência concreta da ideia de nação. Antes, coloca o sentimento nacional de cada grupo social como fruto de uma série de contradições e interesses materiais,[66] da forma como apresento a seguir.[67]

Os grandes proprietários interessam-se pelo patrimônio e pelo rendimento que sua terra possa dar; seu nacionalismo só se manifesta, pois, quando sua propriedade é ameaçada. Resquícios do sistema feudal, os grandes proprietários estão perdendo seu poder econômico e político, o que explica o seu chauvinismo. Nos lugares mais atrasados, tentam situar-se acima das demais classes, graças ao controle que têm sobre o poder político.

Para Borochov, o nacionalismo dos grandes proprietários tem forte ranço de tradição; de resto, *tradição* é palavra-chave para eles, que tentam confundi-la com *nacionalismo*. A pretendida conexão entre tradição e interesse nacional leva a ideologia elaborada pelos grandes proprietários a identificar qualquer manifestação contrária ao *status* com o antinacionalismo e a denunciar qualquer inimigo do sistema como traidor.

A alta burguesia visa ao mercado mundial, o que a desvincula do chauvinismo; mas o empenho para conquistar esse mercado mundial necessita de forças armadas que lutem por ela. A alta burguesia elabora uma ideologia cosmopolita que pode adquirir certos traços nacionalistas, dependendo das necessidades de utilização de um determinado território como ponto de apoio: é o já citado caso do exército ou das barreiras alfandegárias.

A classe média, ou pequena burguesia, utiliza o território como mercado de consumo; seu mundo se restringe às fronteiras dentro das quais atua; por isso, seu nacionalismo tem traços de cultura nacional, língua, educação etc. A situação social de seus componentes é instável, já que, embora almejando atingir o cômodo nível de burguesia, estão mais próximos de se transformar em proletários. A instabilidade social de sua agitação se reflete na ideologia da *lei* e da *ordem* que elaboraram numa desesperada e geralmente infrutífera tentativa de evitar o espectro da proletarização. Por isso, são individualistas e extremamente possessivos, medrosos e bastante reacionários. Prestam-se facilmente a instrumentos nas mãos das classes dominantes. Nos movimentos fascistas, desempenham importante papel.[68]

Borochov não fica, porém, na caracterização do nacionalismo da classe dominante e da classe média: observa que há nítidos traços de interesse nacional no proletariado. Segundo ele,

> não se deve prosseguir no erro comumente difundido de acreditar que o proletariado não tem relação nenhuma com o patrimônio nacional e que, por isso, carece de sentimentos e interesses nacionais. Nenhuma classe social se encontra à margem das condições de produção e, naturalmente, para o proletariado tem um valor muito importante o estado dessas condições (...). *Se as formas de preservação do patrimônio nacional têm para cada uma (das demais classes) seu significado decisivo, o território também tem seu valor para o proletariado, tem o valor de um lugar de trabalho.*[69]

A IDEIA DE ESTADO

Prossegue Borochov afirmando que enquanto o operário não ocupar, normalmente, seu lugar na sociedade, o problema *real*, que é o de oposição de classes, tomará um rumo de problema de negro, de chinês, de italiano ou de judeu. O operário luta pelo seu lugar de trabalho e nessa luta não há solidariedade de classe: por ter vindo da pequena burguesia, ou com a consciência embotada por causa de problemas concretos, o operariado de cada país procura se resguardar contra a mão de obra estrangeira; o conflito nacional assim gerado mistifica o problema real, que é a luta das classes. *A solução seria resolver os problemas nacionais, isto é, a normalização da questão nacional, para que pudessem surgir condições de resolver o problema social.* Ou, nas palavras de Borochov,

> a consciência de classe não poderá desenvolver-se normalmente onde não for resolvida antes a questão nacional, da forma como ela se apresentar.[70]

O fato de a questão nacional se apresentar a partir da forma capitalista de produção não nos deve levar a concluir que, transformando o sistema de produção atual, as nações perderiam a razão de ser, diz Borochov; essa é a questão, ainda indefinida. O melhor a se fazer, então – enquanto se aguarda uma solução desse tipo de problema –, é resolver a questão nacional.

Assim Borochov chega a ponto de não apenas aceitar a questão nacional como algo que tem facetas sociais nítidas, como acredita na necessidade de se dar uma atenção imediata a ela.

O nacionalismo real, aquele que não esconde a consciência de classe, levará as nações oprimidas a se livrarem da opressão. Após resolver o problema nacional, "renasce de uma forma clara a estrutura sã de luta de classes".[71]

Em outras palavras, *Borochov defende a existência do Estado Nacional*, desde que ele seja fruto de um "nacionalismo real" (isto é, aquele cujos portadores são os elementos mais progressistas no seio das nações oprimidas), ou seja, *desde que ele crie condições objetivas para a solução do problema principal, que é o da oposição das classes.*

217

O nacionalismo judaico

Em *Nossa plataforma*, obra posterior a *Os interesses de classe e a questão nacional*, Borochov tenta aplicar os conceitos desenvolvidos no primeiro trabalho para o caso específico dos judeus. Para tanto, inicia, retomando seu conceito de *condições de produção*, dizendo que a mais geral das condições é o *território*, verdadeira "base positiva de toda a existência nacional própria".[72] E os povos extraterritoriais, no caso o judeu? Bem, esse caso só pode ser explicado por forças externas que dificultam e entorpecem sua assimilação: seria o fator isolador, antiassimilatório, que se constitui em base da existência nacional.

Ora, por que surgem e se desenvolvem essas forças externas? Porque os judeus, enquanto úteis à sociedade em que vivem – isto é, enquanto desempenham funções não disputadas pelos não judeus –, são submetidos à pressão assimiladora. No instante, porém, em que o desenvolvimento das forças produtivas locais alcança determinado grau de desenvolvimento, a presença do grupo "estrangeiro" – e os judeus eram considerados estrangeiros em todos os lugares que habitavam – passa a representar um freio às pretensões das forças nascentes e o estrangeiro tende a ser "controlado", ou mesmo expulso. Daí, deduzirá Borochov, uma nação extraterritorial só tem condições de sobrevivência tranquila enquanto estiver sendo explorada (ou "útil', como ele afirmava acima). O judeu vai sofrendo a concorrência nos diversos setores de produção, até que chega ao último degrau do processo, o intercâmbio. Quando a concorrência chega aí, não há mais luta e sim, simplesmente, despojamento de condições de existência.

Borochov reconhece que

> o conflito nacional se produz para uma determinada classe, não porque as forças produtivas de todo o povo têm entrado em contradição com as condições de produção reinantes, mas porque o desenvolvimento das forças produtivas de *determinada classe* entra em contradição com as condições de produção de todo seu grupo nacional.[73]

Daí termos diferentes "problemas nacionais" para as diferentes camadas sociais do povo judeu.

A alta burguesia é cosmopolita e imperialista, por definição; seu nacionalismo é aquele que busca a conquista do mercado. Nessas circunstâncias, ser judeu é um ônus pesado, do qual ela procura livrar-se sempre que possível. Mas as massas judaicas da Europa Oriental, proletarizantes e pequeno-burguesas, lutando pelo dia a dia e sofrendo perseguições por serem vistas como concorrentes aos não judeus, essas massas judaicas alimentam a judeofobia, que acaba atingindo, por identificação nacional, a própria alta burguesia judaica.[74] Esta, embora mantendo a atitude negativa, até irada, para com o judeu pobre, é levada, tal qual parente rico, por meio de atos filantrópicos, a resolver o "problema judaico", que, na verdade, não era seu problema, mas assim se tornou.

Poderíamos – embora Borochov não o faça – colocar nesse nível os grandes financistas judeus, como Rothschild, Hirsh etc., que procuravam resolver o "problema nacional" na Argentina, Uganda, Brasil ou em Israel, através de compra de terras e de preparo de condições iniciais para seu cultivo, enviando judeus pobres para alguns locais desses países.

Relacionado a um problema de "mercado interno", o nacionalismo da média burguesia judaica toma formas culturais a partir da própria língua nacional. Nos povos territoriais, essa faixa da população tende a se tornar o real sustentáculo da cultura nacional, que é ameaçada pelo fator assimilador no caso das nações extraterritoriais. Há, em compensação, o fator isolador, que assume diferentes formas, mais diretas (perseguições oficiais, leis de exceção) ou menos diretas (a vida social, boicotes profissionais), de acordo com o estágio de desenvolvimento político das nações.

O fator isolador sempre vai existir numa sociedade de competição, por mais sutis que possam ser seus métodos.

> Esse isolamento que afeta, principalmente o médico, o comerciante, o industrial e o jornalista judeus, constitui para eles uma condição de produção que trava o livre desenvolvimento de todas suas forças produtivas, gerando neles a consciência do problema nacional.[75]

Borochov acha, porém, que a média burguesia só seria levada a agir para constituir um Estado Nacional quando viesse a ser muito afetada. O que não ocorria no momento, segundo ele.

Aqui cabem algumas observações. Se ao falar do "nacionalismo da alta burguesia", Borochov criticava o "sionismo filantrópico", ao se referir ao nacionalismo da média burguesia, suas críticas parecem diretamente dirigidas ao "sionismo político" de médicos (como Pinsker) e jornalistas (como Herzl). Para Borochov, esse movimento nunca teria, sozinho, a força suficiente, sem que fosse encampado pelo proletariado judeu.

De fato, a colonização judaica moderna da Palestina dependeu muito dos trabalhadores no campo, tanto dos *moshavim* (plural de *moshav*, pequenas propriedades ligadas como cooperativas) como principalmente dos *kibutzim* (plural de *kibutz*, estruturas agrícola-industriais comunistas, onde não circulava o dinheiro, e os bens de uso e de produção eram coletivos).

O artesanato vai perdendo sua importância como forma histórica de produção, a indústria toma cada vez mais força. O judeu passa a consumir produtos industrializados, mas não tem condição de produzi-los. Sua tendência é a de empregar-se como operário numa indústria, ou seja, uma tendência à proletarização. Mas – e aí Borochov coloca um dos problemas-chave – ao buscar emprego, o judeu sofrerá concorrência da mão de obra não judia, o que dificulta e, muitas vezes, impede seu trabalho. Diante disso, resta ao judeu o emprego apenas em empresa judia, o que não é satisfatório nem *quantitativa* – por serem poucas essas empresas – nem *qualitativamente*, pois as empresas judaicas, além de menores, são quase exclusivamente produtoras de bens de consumo.

A IDEIA DE ESTADO

Kibutz no norte do Neguev, perto de Gaza,
recebendo pássaros em busca de grãos.

Ora, o problema nacional das massas proletarizantes tem, pois, dois níveis: 1) o nível da expressão, que é cultural, como o da média burguesia; 2) o nível material, que é o da busca de um mercado de trabalho. Como os judeus procuram resolver o problema concreto? Mudando-se, vagando de um lugar a outro. A questão torna-se mais grave ainda, quando ocorre o encontro dessas massas proletarizantes, ainda carentes de consciência de classe, com o subproletariado desocupado das terras de adoção; esse *lumpemproletariado*, escória da sociedade, produto passivo das camadas mais baixas da velha sociedade,[76] transforma-se em perigo até físico para os judeus a quem, devidamente orientados pela classe dominante, acusam de tudo que de mal lhes ocorre.

Para o proletariado judeu existem dois problemas: o *social* e o *nacional*; para isso, duas soluções:

> 1) a eliminação de antigas formas de produção que impedem o desenvolvimento normal de suas forças produtivas; 2) a anulação da pressão nacional, que constitui um obstáculo não menor a seu livre desenvolvimento.[77]

Mas, na prática, há um fator inesperado e complicador: o operário judeu quase não trabalha em setores primários de produção, mas em pequenas oficinas, o que dificulta muito sua coesão e luta organizada. Eliminando-se a extraterritorialidade do judaísmo, ele poderia trabalhar em setores primários e travar luta contra uma burguesia poderosa.

Assim, Borochov propõe, claramente, uma teoria de etapas: resolve-se – ou "normaliza-se", na sua terminologia – a problemática nacional, dando-se condições à solução do problema social.

A solução para o problema nacional seria o sionismo; a solução para o problema social seria o socialismo.

A solução para o proletariado judeu: o sionismo socialista.

Notas

[1] Marcel Bataiillon, "Testigos cristianos del protosionismo hispano-portugués", *in Nueva Revista de Filologia Hispánica*, tomo XXIV, nº 1, México, p. 126. O texto de Damião de Góis encontra-se *transcrito* em Anita Novinsky, *Cristãos novos na Bahia*, p. 31.

[2] I. Grinboim, *História del movimiento sionista*, p. 16.

[3] Ben-Zion Dinur, *Israel and the Diaspora*.

[4] Leopold Zunz, *in* J. Ginsburg, *O judeu e a modernidade*, p. 94.

[5] Hans Kohn, *Reflexões sobre a História Moderna*, p. 229.

[6] Há duas edições em português desta obra: Pinsker (Leon), *Autoemancipação*, trad. Idel Becker, São Paulo, Biblioteca Judaica, 1942, e Pinsker (Leon), Autoemancipação, *in* J. Grinsburg (org.), *O judeu e a modernidade*, São Paulo, Perspectiva, 1970, p. 181-194. A primeira é completa e é a que usei, cotejando com a outra e com algumas edições em outras línguas. Por se tratar de trabalho com poucas páginas, tornam-se desnecessárias, em cada passagem, notas de referência.

[7] Howard Morley Sachar, *The course of modern Jewish History*, p. 264.

A IDEIA DE ESTADO

[8] Ben Halpern, *The idea of the Jewish State*, p. 15.

[9] Arthur Hertzberg, *The Zionist idea*, p. 181.

[10] Refiro-me aqui à Krassilevke de Sholem Aleichem, *shtelt* em que o genial autor centrou grande parte de sua obra e cujas características procurei determinar na seção "O mundo da gente miúda", no capítulo "O período de transição".

[11] Flávio Josefo e Filão de Alexandria já utilizavam esse argumento de discutível validade. Veja-se a respeito passagens do terceiro capítulo de meu livro *Os judeus no Egito helenístico*.

[12] Ben Halpern, *Op. cit.*, p. 15.

[13] Uma excelente narrativa crítica de todo o Caso Dreyfus pode ser encontrada em Hanna Arendt, *Origens do totalitarismo: o antissemitismo, instrumento de poder*.

[14] Cf. Jaime Pinsky, *100 textos de História Antiga*.

[15] Ver biografia detalhada e bem documentada de Herzl *in* Alex Bein, *Theodor Herzl, a biography of the founder of modern Zionism*.

[16] Em 1872, os dois lados do Danúbio uniram-se criando assim a cidade de Budapeste. Pest ficava à margem esquerda do rio.

[17] Alex Bein, *Op. cit.*, p. 19.

[18] *Ieke* é uma corruptela de *jaket*, paletó em alemão. Os judeus da Europa Oriental, sempre vestidos em seus longos capotes pretos, assim chamavam os de fala alemã que, vivendo fora do *shtetl*, passavam a usar paletó. Hoje em dia *ieke* é o pejorativo para judeu de origem alemã.

[19] A frase aparece assim na interessante antologia de Arthur Hertzberg, *The Zionist idea*, p. 202.

[20] Alex Bein, *Op. cit.*, p. 123.

[21] Uri Avnery, *Israel without zionists – a plea for peace in the Middle East*.

[22] *The Jewish Chronicle*, 30 abr. 1897, p. 8.

[23] *Idem*, 11 jun. 1897, p. 9.

[24] *Idem*, 9 jul. 1897, p. 9.

[25] Alkalai cita, literalmente, a passagem em que Jacó, chegando à cidade de Schem (hoje Nablus, na Cisjordânia), em Canaã, comprou parte do campo a Hemor por 100 dinheiros e levantou a Deus um altar (Gênesis 33, 18-20).

[26] Isaías 27, 12-13.

[27] Vide excertos interessantes de Kalisher e Alkalai em A. Hertzberg, *Op. cit.*, respectivamente, p. 111-114 e 103-107.

[28] *The Jewish Chronicle*, 9 jul. 1897, p. 13.

[29] *The Jewish Chronicle*, 3 set. 1897, p. 11.

[30] Cf. *The Jewish World*, 28 nov. 1917, p. 1.

[31] *Idem*, p. 13.

[32] Itsjak Grinboim, *Historia del movimiento sionista*, vol. I, p. 115.

[33] T. Herzl, *O Estado Judeu*, p. 40-41. Para evitar equívocos de tradução, cotejei várias edições da obra, inclusive uma na língua em que foi escrita (alemão). Entretanto, para evitar referências em edições pouco acessíveis ao leitor brasileiro, preferi citar a edição Perez, em língua portuguesa, embora, em diversos casos minha tradução (e transcrição) não coincida com a dele.

[34] *Idem*, p. 41-42.

[35] Abraham Leon, *La Conception materialiste de la question juive*, p. 31.

OS JUDEUS

[36] O tema da rejudaização tem sido discutido por autores de formação bem diferente. No belíssimo estudo de Sartre (*Reflexões sobre o racismo*, trad. por J. Ginsburg e editado pela Difel), aparece uma dessas frases iluminadas: "Longe de a experiência engendrar a noção de judeu, é este, ao contrário que ilumina a experiência: se o judeu não existisse, o antissemita inventá-lo-ia" (p. 9). Cf. também o excelente trabalho de Antônio José Saraiva, *Inquisição e cristãos-novos*, 3. ed., Editorial Nova, Porto, 1969, em que, para um período histórico diferente, a ideia e a prática de reengendrar o "judeu" podem ser observadas.

[37] Herzl, *Op. cit.*, p. 42-43.

[38] *Idem*, p. 47.

[39] *Idem*, p. 49.

[40] Veja-se a respeito, Hans Kohn, *Reflexões sobre a História Moderna*, p. 238-239.

[41] T. Herzl, *Op. cit.*, p. 50-51.

[42] *Idem*, p. 57.

[43] *Idem*, p. 62.

[44] A Palestina fez parte do Império Turco de 1517 a 1917, quando foi conquistada para os ingleses, no quadro da Primeira Guerra Mundial.

[45] T. Herzl, *Op. cit.*, p. 67-68.

[46] *Idem*, p. 124.

[47] Vale a pena verificar as observações – embora passageiras – de E. Hobsbawm, "Movimentos pré-políticos em áreas periféricas", p. 10.

[48] Uma versão mais detalhada do problema pode ser vista em um trabalho meu: Jaime Pinsky, "Propriedade de terra e ideologia: o monoteísmo ético", in *Revista de História* n° 104, 1974, p. 859-867.

[49] Isaías 6, 1-5.

[50] Isaías 1, 2-17.

[51] Samuel 8,4-5 e 8,10-20. É importante notar que a data provável da redação dessa passagem localiza-se entre 740-621 a.e.c., ou seja, no "período profético" e não por volta de 1000 a.e.c. que uma leitura superficial poderia sugerir.

[52] Juízes 6, 11-16.

[53] Karl Marx e Friedrich Engels, *O manifesto comunista*, Paz e Terra, Rio de Janeiro, 1998, *passim*.

[54] Veja-se, por exemplo, Alexandre Manor, *Fuentes del sionismo socialista*, p. 12-35.

[55] Moses Hess, *Rome and Jerusalem: a study in Jewish nationalism*, p. 136-137.

[56] Nachman Sirkin, "The Jewish Problem and the Socialist-Jewish State", *in* Hertzberg, *Op. cit.*, p. 350.

[57] *Idem*, p. 348.

[58] *Idem*.

[59] Dov é simplesmente a tradução do nome Ber (urso) do iídiche para o hebraico. Essas alterações eram habituais e tinham o sentido de, negando o iídiche, negar a Diáspora.

[60] Ver as divergências entre Bund e Social-Democracia russa em capítulo a isso dedicado.

[61] Carlos Marx, *El Capital*, tomo III, sec. VI, cap. XLVII, 2, p. 733, meu grifo.

[62] Borochov, "Los interesses de clase y la quéstion nacional", *in* Borochov, *Bases del sionismo proletário*, p. 15.

[63] *Idem, ibidem*, p. 15-16.

A IDEIA DE ESTADO

[64] *Idem*, p. 20.

[65] *Idem*, p. 14.

[66] Análise considerada notável, mesmo para seus críticos, como Weinstock, Natahan, *Le sionisme contre Israel*, p. 276.

[67] Borochov, Dov Ber, *Op. cit.*, p. 30-55.

[68] Veja-se a este respeito Paris, Robert. *As origens do fascismo*.

[69] Dov Ber, Borochov, *Op. cit.*, p. 37.

[70] *Idem*, p. 41.

[71] *Idem, ibidem*, p. 47.

[72] Borochov, Dov Ber, "Nuestra plataforma", *in* Borochov, *Op. cit.*, p. 51. Das páginas seguintes tirei as ideias de Borochov que seguem, salvo referência em contrário ou citação textual.

[73] *Idem*, p. 57.

[74] É sintomático que nem Borochov escapa da tendência ideológica de atribuir a culpa da judeofobia às massas judaicas. Aqui vale a crítica que desenvolvi nos capítulos dedicados a Pinsker e Herzl que também colocaram o problema nestes termos.

[75] Borochov, Dov Ber, "Nuestra plataforma", *in* Borochov, *Op. cit.*, p. 62.

[76] Marx, *Manifesto Comunista*, p. 103.

[77] Borochov, Dov Ber, "Nuestra plataforma", *in* Borochov, *Op. cit.*, p. 78-79.

Conclusão

Este livro não é um ensaio inconclusivo. A vasta documentação que utilizei, os textos originais dos autores que apresentam diferentes soluções para os problemas dos judeus, a análise do discurso de cada um, as leituras de apoio que estão arroladas no final da obra em sete línguas diferentes me levaram a várias conclusões, algumas parciais e outras mais estruturais. Apresentadas ao longo da obra, minhas observações deixam claro que o tema tem sido vítima de discursos exacerbados, em que lugares-comuns são repetidos com mais ênfase do que competência, uma vez que resultam de posições políticas em que os resultados antecedem a pesquisa e brigam com os fatos.

Sim, os judeus têm sido vítimas de perseguições, injúrias e massacres ao longo da História. Sim, sociedades pagãs, cristãs e islâmicas têm culpado os judeus de crimes absurdos por meio

OS JUDEUS

de argumentos inconsistentes e vazios. Mas não, não houve uma preocupação contínua de não judeus em converter os judeus, em absorvê-los em suas sociedades. Se é verdade que houve movimentos no sentido de converter judeus às religiões majoritárias, em várias situações, por bem ou por mal, houve também um movimento no sentido inverso. Mostro como era conveniente para os governantes ter o judeu dependendo de sua boa vontade, podendo ser perseguido, expulso, supertaxado, limitado em sua vida social (bairros específicos para morar, proibição de se casar com não judeus/judias, limitação à propriedade territorial, estado de submissão), na Idade Média Ocidental, na Polônia, na Rússia, na Espanha, em tantos e tantos lugares... Mostro que *o judeu* existe não *apesar* da História, mas *por causa* dela, uma vez que era necessário em muitas sociedades e era conveniente que fosse judeu, pois assim o controle sobre ele poderia ser exercido a qualquer momento e com qualquer nível de violência.

Assim, a permanência de judeus, enquanto judeus, na História, não pode ser explicada, simples e ingenuamente, como decorrência de vontade do grupo. Grupos sociais podem tomar decisões, mas para que elas surtam efeito é necessário que haja condições objetivas, históricas, para isso. Mostrei que, em diversas situações concretas, indivíduos e grupos judaicos tendiam à assimilação, apenas não tendo o fenômeno maior intensidade porque uma força contrária, externa, reengendrava o judeu. Esses movimentos, um centrífugo e outro centrípeto, se repetem numerosas ocasiões ao longo dos séculos. Uma vez forçado a permanecer judeu, reelaborava valores (sociais, culturais) que podiam funcionar como barreiras para as eventuais pressões integradoras que viessem a surgir em outros momentos. Pressões e contrapressões fazem parte da vida de qualquer grupo e demonstrei como isso ocorreu no caso dos judeus, em diferentes situações. O caso do comerciante ou do usurário judeu medieval, marginalizado porque necessário, é um exemplo dramático e fácil de entender nesse processo.

230

CONCLUSÃO

Na passagem do feudalismo para o capitalismo, a religião judaica sofre as alterações necessárias para continuar funcionando como elemento de ajustamento social. O messianismo abandona suas razões de origem, a noção de um messias físico, material, e o retorno a uma Jerusalém (Sião) também material. Após um dos grandes massacres contra judeus, em 1648, o hassidismo altera valores tradicionais do judaísmo, dispensa a necessidade do estudo e reajusta o iletrado ao grupo, substituindo a erudição pela magia, o sábio pelo santo. Esses mecanismos ideológicos serão importantes como mantenedores da coesão grupal.

A ideia nacional judaica, como aparece nos teóricos sionistas, é uma visão europeia de mundo, dialeticamente decorrente de condições materiais e espirituais da pequena e média burguesia judaica na Rússia. As alegações de caráter histórico, a memória de um passado heroico e nacional não são senão incorporações de simbolismos a um movimento político, visando à sua maior eficácia. No decorrer do livro, mostrei que o nacionalismo sionista é a contrapartida, o outro lado da moeda, da problemática social dentro da qual se agitava a massa judaica da Europa Oriental. Assim, as questões materiais encontram-se no Império Czarista, mas o instrumental teórico, na Europa Ocidental capitalista. O nacionalismo judaico é, pois, resultado dessa articulação; *o momento dramático da consciência nacional é a própria consciência do desenvolvimento da modernidade, é o reconhecimento de uma consumação, o fim do medievo.*

O processo de passagem do feudalismo para a modernidade, para os judeus, foi uma longa epopeia, marcada por pequenos e grandes dramas, por magníficas conquistas culturais, por contradições específicas e por defecções. Ela encontra seu clímax quando, junto da diversificação social provocada pelo desenvolvimento do capitalismo na Rússia (temos no mesmo grupo judeu tanto capitalistas quanto proletários), desenvolve-se a ideia nacional, proposta de "aliança tática" apresentada pela burguesia judaica emergente e semi-impotente.

231

Os judeus acabaram desalojados de sua antiga forma de sobrevivência, sem condições de competir com a mão de obra não judaica por postos de serviços nas cidades que incharam rapidamente (repetindo o que havia ocorrido na Inglaterra e antecipando o que acabaria acontecendo até no Brasil e na China, com a necessidade de farto contingente de força de trabalho para a indústria nascente desses países). A pobreza dentro da comunidade judaica que chega às raias da miséria absoluta atrai a atenção de judeus da alta burguesia internacional, como Hirch e Rotchild. Saídas provisórias são apresentadas. EUA, Canadá, Argentina, Brasil são soluções sugeridas, mas a ideia nacional se desenvolve nesse ambiente em que extraordinários pensadores apresentam suas teorias provocadas por situações estruturais, como a miséria nas cidades russas, ou conjunturais, como o Caso Dreyfus.

Bem mais modestamente e com menos ruído, temos os pensadores do sionismo socialista, particularmente Ber Borochov que busca uma síntese entre as soluções nacionais e as sociais, entre Herzl e Marx. Suas ideias estão na base da construção do *kibutz* e na busca de uma coexistência pacífica entre os habitantes da Palestina, sejam eles árabes ou os jovens judeus, oriundos da Polônia, Lituânia e de outros países da "zona de residência judaica".

O maior massacre da História, que assassinou 6 milhões de judeus de forma planejada, perpetrado pelos nazistas alemães e seus cúmplices, vai deixar claro que não há teoria que resista à realidade: *uma nação sem Estado não tem quem defenda seus cidadãos*, é a conclusão a que todos chegaram. As consequências do Holocausto foram, dialeticamente, duas: 1) O fim de uma das culturas mais fascinantes da Europa, a dos judeus de língua iídiche. Esse judaísmo acabou, e Hitler, ao contrário do que alguns querem ainda alegar, venceu esse *round*. Esse judaísmo deixou de existir, foi liquidado e a língua não é mais falada e logo será lida apenas por estudiosos. 2) Por outro lado, foi criado o Estado de Israel, que está aí, vivo, pujante, nos seus parcos quilômetros quadrados que lhe foram atribuídos (Israel todo,

CONCLUSÃO

incluindo o deserto, não é maior do que o estado de Sergipe) e mais alguns conquistados.

Mais cedo ou mais tarde, os palestinos chegarão a um acordo com Israel, desistirão de sua intenção, sempre repetida, que é a de jogar os judeus no mar. Por outro lado, Israel abrirá mão de alguns territórios, reconhecerá algum governo árabe-palestino, os palestinos cessarão com seu discurso de não reconhecer Israel e viverão todos, lado a lado, felizes e infelizes como qualquer vizinho vive, atribuindo seus problemas ao outro, achando que o deserto que o outro recebeu tem a areia mais generosa do que a que ele ganhou. Mas assim é a vida, e assim são as nações. Ninguém é perfeito.

Glossário

ALTER HEIM: literalmente, Velho Lar; na literatura iídiche aparece referindo-se à Europa Oriental.

AM HAARETZ: literalmente, povo da terra. Aparece em referências bíblicas no sentido de massa, povo, em oposição à elite. Nabucodonosor levou para a Babilônia a *elite*, deixando o *am haaretz* sossegado.

ASHKENAZIM: plural de *ashkenazi*. Judeus alemães e de origem alemã; incluem-se aqueles que foram da Alemanha para a Europa Oriental.

BALEBÓS: literalmente, dono de casa, proprietário de casa. Por extensão, artesão dono de seus instrumentos de produção ou comerciante estabelecido. O termo confere legitimação social.

BAR-MITZVÁ: a festa de *bar-mitzvá*, inspirada em primitivas cerimônias de iniciação guerreira/sexual, representa a confirmação do garoto de 13 anos no seio da comunidade. A partir da comemoração do *bar-mitzvá* a criança passa a adulto, religiosamente falando, podendo compor o *minian*.

CASHER: comida preparada de acordo com o ritual biblicamente estabelecido; a lei estabelece restrição a uma série de animais considerados impuros (porco, crustáceos, peixes de couro, inúmeras aves) e determina a forma pela qual os "puros" devem ser abatidos. Há ainda restrições à mistura entre derivados de leite e de carne.

OS JUDEUS

GÓI: não judeu, o que não pertence ao grupo; o termo carrega, às vezes, sentido pejorativo.

HAMAN: figura que representa o inimigo do povo judeu. No livro bíblico de Ester, foi o ministro de Artaxerxes que queria proceder à "solução final" da "questão judaica" na Pérsia.

HASKALÁ: iluminismo judaico; pregava a emancipação civil dos judeus e sua equiparação jurídica. Moisés Mendelsohn foi seu principal ideólogo. O movimento desenvolveu-se posteriormente na Rússia entre os judeus aburguesados.

HEDER: escola elementar judaica. No texto aparece uma descrição detalhada desse sistema educacional.

HIBAT ZION: movimento dos *hovevei zion*.

HOVEVEI ZION: grupo que pregava uma ligação afetiva, não muito bem definida politicamente, entre os judeus e a Palestina. É considerado protossionista.

IDISHKAIT: judaísmo, essência judaica, atmosfera judaica. Seria o conteúdo psicossocial subjacente aos locais onde a existência de judeus ocorra de forma significativa.

IEKE: corruptela de *jaket*, paletó, em alemão. Os judeus da Europa Oriental, sempre vestidos em seus longos capotes pretos, assim chamavam os de fala alemã que, vivendo fora do *shtetl*, passaram a usar paletós. Hoje em dia, *ieke* é pejorativo para judeu de origem alemã.

IESHIVÁ: (plural *ieshivot*): escola religiosa posterior ao *heder*. Funcionava também como uma espécie de seminário rabínico.

IÍDICHE: língua falada pelos *ashkenazim*. Origina-se do alemão medieval e acompanha os judeus em suas andanças, sofrendo alterações e acréscimos do hebraico e de línguas eslavas. Em acelerado processo de extinção, não deve ser confundida com o hebraico, língua semítica, falada atualmente em Israel.

KEILÁ: organização comunitária.

LUFTMENTCH: homem do ar, homem que vive do nada. Referência àqueles cujo papel socioeconômico resistia a definições. Num sentido literário, o que não produz e que, aparentemente, não consome: vive do ar.

MAGUID: pregador itinerante; alguns obtinham notoriedade tamanha que chegavam a viajar com grandes comitivas.

GLOSSÁRIO

MASKIL: (plural *maskilim*): iluminista, adepto da *haskalá*.

MINIAN: reunião de pelo menos dez judeus de mais de 13 anos, desde que tenham feito o *bar-mitzvá*, para a efetivação de atividades religiosas. Mulheres não contam para a formação de *minian*.

OREMEBOCHER: literalmente, rapaz pobre. No contexto, garotos que se destacavam nos estudos elementares, tendo, por isso, seus estudos religiosos posteriores subsidiados por instituições ou judeus ricos.

PALE: termo inglês para designar a "zona de residência judaica" no Império Czarista. Vide mapa.

PARNASSIM: líderes comunitários, comumente os ricos do *shtetl*.

PESSACH: festa comemorativa da milagrosa saída dos judeus do Egito, quando, conduzidos por Moisés, teriam chegado até a Palestina, após décadas de vida no deserto e uma série de peripécias. Por extensão, é a festa da liberdade.

POGROM: perseguição aos judeus, massacres, e, por extensão, a qualquer grupo minoritário.

SEFARADIM: plural de *sefaradi*; palavra hebraica oriunda de Sfarad (Espanha); judeus de origem ibérica, ou, por extensão, judeu não *ashkenazim*.

SHTETL: cidadezinha da Europa Centro-Oriental com predominância ou, pelo menos, significativa proporção de habitantes judeus.

TALMUDE: coletânea de comentários e interpretações sobre a Bíblia. Sua redação objetiva ensina a aplicação da lei judaica às diferentes situações concretas.

TEFILIM: filactérios; cubos com inscrições de textos bíblicos que os judeus pios prendem no braço e na testa, em ocasiões determinadas.

TORÁ: a tradução literal seria *lei*. Refere-se aos cinco primeiros livros do Antigo Testamento (o Pentateuco) e, por extensão, a toda a lei judaica.

TZADIK: homem santo, homem que está próximo de Deus. Não tem que ser, obrigatoriamente, um sábio.

Bibliografia

A) Livros e Artigos

Agus, Jacob Bernard, *The Meaning of Jewish History*. Abelard-Shuman, London, 1963, vol. II.

Aleichem, Sholem, *A paz seja convosco*. Tradução de J. Guinsburg e outros. Perspectiva, São Paulo, 1966.

Aleichem, Sholom, *Some laughter, some tears*. Paperback Library, New York, 1969.

Arendt, Hannah, *Origens do totalitarismo: antissemitismo, instrumento de poder*. Tradução de Roberto Raposo. Editora Documentário, Rio de Janeiro, 1975.

Ausubel, Nathan (Ed.), *A treasure of Jewish folklore*. Crown Publishers, New York, 1956.

Avnery, Uri, *Israel without zionists*. The Macmillan Company, London, 1969.

Baron, Salo W., *História e historiografia do povo judeu*. Tradução de Renato Mezan. Perspectiva, São Paulo, 1974.

Baron, Salo W., *A social and religious history of the Jews*. Columbia University Press, New York and London, 1937-1966, vol. I a XIV.

Bataiillon, Marcel, "Testigos cristianos del protosionismo hispano-portugués", *in Nueva Revista de Filologia Hispánica*, tomo XXIV nº 1, México, p. 125-141.

Bein, Alex, *Theodore Herzl, a biography of the founder of modern zionism*. Translated from Geran by Maurice Samuel, Meridian Books. The World Publishing Company and the Jewish Publication Society of America, Cleveland/New York/Philadelphia, 1962.

Ben Gurion, David, *O despertar de um Estado*. Monte Scopus, Rio de Janeiro, 1957.

Berger, Solomon, *The Jewish Commonwealth of Zhorow*. Regsol Publishing Co., New York, 1967.

Biderman, Sol, *A cadeia messiânica*. Tese mimeografada apresentada junto ao Departamento de Ciências Sociais da USP, 1970.

Borochov, Ber, *Ktuvim*. Sifriat Hapoalim-Hakibutz Hameuchad, Tel Aviv, 1958/66 (em hebraico), 3 vol.

Borochov, Ber, *Di ídishe arbeter bevegung in tsífern*. S/d Berlim, 1923 (em iídiche).

OS JUDEUS

Borochov, Ber, *Nationalism and class struggle, a marxian approach to the Jewish problem*. Greenwood Press Publishers, Westport, 1973.

Borojov, Ber et al., *La cuestión nacional*. Ediciones Mordejai Anilevich, Montevidéo, 1968.

Borojov, Dov Ber, *Bases del sionismo proletário*. Dror-Kibutz Hameujad, Tel Aviv, 1972.

Bross, Jacob, "The begining of the Jewish labor movement in Galicia", *in Yivo*, vol. V, p. 55-84.

Buber, Martin, *Histórias do Rabi*. Perspectiva, São Paulo, 1967.

Buber, Martin, *Israel and the world*. Schocken Books, New York, 1965.

Chazan, Robert e Raphael, Marc Lee (Eds.), *Modern Jewish History, a source reader*. Schocken Books, New York, 1974.

Dawidowicz, Lucy D. (Org.), *Jewish life and thought in Eastern Europe*. Holt, Rinheart and Winston, New York, 1967.

Deutsch, Karl W., *El nacionalismo y sus alternativas*. Paidós, Buenos Aires, 1971.

Deustscher, Isaac, *Trotsky, o profeta armado (1879-1921)*. Civilização Brasileira, Rio de Janeiro, 1968.

Deutscher, Isaac, *O judeu não judeu e outros ensaios*. Tradução de Moriz Bandeira. Civilização Brasileira, Rio de Janeiro, 1970.

Dinur, Ben-Zion, *Israel and the Diaspora*. The Jewish Publication Society of America, Philadelphia, 1969.

Dobb, Maurice, *Estudios sobre el desarollo del capitalismo*. Traducción de Luis Etcheverry. Siglo Veintiuno, Buenos Aires, 1971.

Drosdoff, Nachman, *Ahad-Haám, Highlights of his life and work*. Edição do autor, Holon, 1962.

Dubnow, S., *History of the Jews in Russia and Poland*. The Jewish Publication Society of America, Philadelphia, 1916/18/20, 3 vol.

Dubnow, Simon, *History of the Jews*. Tomas Yoseloff, New York/London, 1967.

Dubnow, Simon, *Nationalism and History*. Meridian Books, The World Publishing Company and the Jewish Publication Society of America, Cleveland/New York/Philadelphia, 1961.

Dunlop, D. M., *The History of the Jewish Khazars*. Princeton University Press, Princeton, 1954.

Enrenburg, Ilya, *Memórias – Volume I – Infância e juventude (1891-1917)*. Tradução de Boris Schnaiderman. Civilização Brasileira, Rio de Janeiro, 1964.

Elmaleh, Abraham, *Nouveau dictionaire hébreu-français*. Edition Achiasaf-Yavneh, Jerusalem/Tel Aviv, 1961.

Feuerwerkwer, David, *L'Émancipation des juifs en France, de L'Ancien Régime à la fin du second Empire*. Editions Albin Michel, Paris, 1976.

Finkelstein, Louis (Ed.), *The Jews: their History*. Schoken Books, New York, 1974.

Fishman, William J., *East end radicals (1875-1914)*. Duckworth, London, 1975.

Gelber, N. M., "A pre-zionist plan for colonizing Palestine", *in História Judaica*, vol. I, p. 81-90.

Getzler, Israel, *Martov, a political biography of a Russian Social Democrat*. Cambridge University Press, Cambridge, 1967.

Gilbert, Martin, *Jewish History Atlas*. The Macmillan Company, New York, 1969.

Goldmann, Lucien, *Dialéctica e ciências humanas*. Tradução de João Aresnio Nunes. Editorial Presença, Lisboa, 1972.

Greenberg, Louis, *The Jews in Russia*. Yale University Press, New Haven, 1944, vol. 1.

Grinboim, Itsjak, *História del movimiento Sionista*. Departamento de Juventudy Hejaluts de la Organizacion Sionista Mundial, Buenos Aires, 1954/1956, 3 vol.

Guinsburg, J. (Org.), *O judeu e a modernidade*. Tradução de Frida Spiewak, Geraldo G. de Souza, José V. Montbéller e Zipora Rubinstein. Perspectiva, São Paulo, 1970.

BIBLIOGRAFIA

Guinsburg, J. (seleção e notas), *O conto iídiche*. Perspectiva, São Paulo, 1966.

Guinsburg, J. e Falbel, N. (Org.), *Aspectos do hassidismo*. Centro Brasileiro de Estudos Judaicos – Editora B'nai e B'rith, São Paulo, 1971.

Haam, Ahad, *Selected essays*. Translated from the Hebrew, Edited and with an introduction by Leon Simon. Meridian Books-The World Publishing Company and the Jewish Publication Society of America, Cleveland/New York/Philadelphia, 1962.

Haam, Ajad, *El sendero de retorno: ensayos sobre el judaísmo y el renacimiento nacional*. Selección y versión de Aarón Spivak. Editorial Israel, Buenos Aires, 1957.

Halpern, Ben, *The Idea of the Jewish State*. Harvard University Press, Cambridge, 1969.

Halpern, Israel. "The Jews in eastern Europe", *in* Finkelstein, Louis (Ed.), *The Jews, their history*. Schocken Books, New York, 1974.

Harcave, Sidney (Ed.), *Reading in Russian History: the modern Period*. Thomas Y. Crowell, New York, 1963.

Haupt, Georges *et al.*, *Les Marxistes et la question nationale (1848-1914)*. François Maspero, Paris, 1974.

Hertz, J. S. (Ed.), *Doires bundistn*. Farlag Undzer Tsait, New York, 1956, vol. I (em iídiche).

Hertzberg, Arthur (Ed.), *The Zionist Idea, a historical analysis and reader*. Atheneum, New York, 1969.

Herzl, Theodor, *Der Judenstaat*. 12. ed., Carl Posen Verlag, Zurich, s/d.

Herzl, Theodor, *O Estado judeu*. Tradução de Davi José Pérez. Organização Sionista Unificada do Brasil, Rio de Janeiro, 1947.

Hess, Moses, *Rome and Jerusalem: a study in Jewish nationalism*. Bloch Publishing Co., New York, 1945.

Hobsbawm, Eric J., *Bandidos*. Tradução de Donaldson Magalhães Garschagen. Forense-Universitária, Rio de Janeiro, 1975.

Hobsbawm, Eric. "Movimentos pré-políticos em áreas periféricas", Conferência sobre história e ciências sociais. Campinas, Unicamp, 26-30 maio 1975.

Howe, Irving e Greenberg, Eliezer (Eds.), *Voices from the Yddish: essays, memoirs, diaries*. Ann Arbor-The University of Michigan Press, Michigan, 1972.

Isaac, Jules, *Las raíces cristianas del Antisemitismo, la ensenanza del desprecio*. Version castellana de Raquel Warschaver. Paidós, Buenos Aires, 1966.

Jewish Colonization Association. *Raport de L'Administration Centrale au Conseil de l'administration pour l'année 1899*. Imprimerie R. Veneziani, Paris, 1900.

Jidlovsky, H., *Teoria da nacionalidade*. Centro Brasileiro dos Estudos Judaicos, São Paulo, 1971.

Kaplan, Mordecai M., *Judaism as a civilization*. Schocken Books, New York, 1967.

Katz, Jacob, *Tradition and crisis, Jewish society at the and of the middle ages*. Schocken Books, New York, 1971.

Katznelson, Berl *et al.*, *La segunda Aliá*. Tradução de Esther Arcavi e Beba Senderey. Organización Sionista Mundial, Jerusalém, 1955.

Kiel, Mark, *The Jewish Nasrodnik*, *in Judaism*, vol. 19, n. I, 1970, p. 295-310.

Klausner, Joseph, *The messianic idea in Israel*. George Allen and Unwin Ltd., London, 1956.

Kluchevsky, V.O., *A History of Russia*. Russel and Russel, New York, 1950, 5 vol.

Kohn, Hans, *Nationalism: its meaning and History*. D. Van Nostrand Company, Inc., Princeton, New Jersey, 1965.

Kohn, Hans, *Reflexões sobre a história moderna*. Tradução de José Arnaldo Fortes. Editora Fundo de Cultura, Rio de Janeiro/São Paulo/Lisboa, 1965.

Laski, Harold J., *O manifesto comunista de 1848*. Zahar Editores, Rio de Janeiro, 1967.

Lefebvre, Henri, *Los marxistas y la noción de estado*. Carlos Perez Editor, Buenos Aires, 1968.

Lenin, V. I., *El desarrollo del capitalismo en Russia*. Ediciones Estudio, Buenos Aires, 1973.

241

León, Abraham, *La conception matérialiste de la Question Juive*. Edition revue et prefaciée par Maxime Rodinson. Études et Documentation Internationales, Paris, 1968.

Lestschinsky, Jacob, *The Jews in the cities of the Republic of Poland*. Yivo, New York, 1946.

Levitats, Isac, *The Jewish community in Russia (1772-1884)*. Columbia University Press, New York, 1943.

Lods, Adolphe, *Histoire de la littérature hébraique et juive*. Payot, Paris, 1950.

Lods, Adolphe, *Les Profètes d'Israel et les débuts du judaisme*. Albin Michel, Paris, 1950.

Lukács, Georg, *Histoire et concience de classe*. Minuit, Paris, 1960.

Manor, Alexander, *Apuntes sobre la cuestión nacional*. Ijud Hanoar Hajalutzí, Tel Aviv, 1957.

Manor, Alexander, *Fuentes del sionismo socialista*, Ijud Hanoar Hajalutzí, Tel Aviv, s/d.

Margolis, Max L. e Marx, Alexander, *A History of the Jewish People*. Atheneum, New York, 1969.

Margulies, Marcos, *A evolução dos contatos intergrupais na Europa da Idade Média através do relacionamento entre judeus e russos*. Tese apresentada ao Doutoramento na Cadeira de História da Civilização Antiga e Medieval da Faculdade de Filosofia, Ciências e Letras da USP, 1969.

Marx, Carlos, *El capital, crítica de la economia política*. Versión por Wenceslao Roces. Fondo de Cultura Económica, México, 1965, vol. III.

Marx, Karl, *A questão judaica*. Tradução e apresentação de Wladimir Gomide. Laemmert, Rio de Janeiro, 1969.

Marx, Karl, *Formações econômicas pré-capitalistas*. Tradução de João Maia. Paz e Terra, Rio de Janeiro, 1975.

Marx, Karl e Engels, Friedrich, *A ideologia alemã*. Tradução de Conceição Jardim e Eduardo Lúcio Nogueira. Editorial Presença, Lisboa, 1974, vol. 1.

Marx, Karl e Engels, Friedrich, *O manifesto comunista*. Paz e Terra, Rio de Janeiro, 1998.

Medem, Vladimir, *Fun main Leben*. Vladimir Medem Comit. S.L.1923, 2ª parte (em iídiche).

Mendelsohn, Ezra, *Class struggle in the pale, the formative years of the jewish workers' movement in Tsarist Russia*. Cambridge University Press, Cambridge, 1970.

Nedava, Yosef, "Trotsky ante la cuestión judia", in *Dispersión y Unidad*, n° 11, p. 240-252.

Novinsky, Anita, *Cristãos novos na Bahia*. Perspectiva/Edusp, São Paulo, 1972.

Nuno, Juan, *El marxismo y la cuestión judia*. Monte Avila Editores, Caracas, 1972.

Ozer, Charles, "Jewish education in the transition from guetto to emancipation", in *História Judaica*, vol. 9, p. 75-94 e 137-158.

Paris, Robert, *As origens do fascismo*. Tradução de Elisabete Perez. Perspectiva, São Paulo, 1976.

Patai, Raphael (Ed.), *The complete diaries of Theodor Herzl*. Herzl Press/Thomaz Yoseloff, New York, 1960.

Pierre, George, *População e povoamento*. Tradução de Inês Duarte Ferreira e Vera Futcheer Pereira. Difel, São Paulo, 1975.

Pinsker, L. *Autoemancipação*. Tradução de Idel Becker. Biblioteca Judaica, São Paulo, 1942.

Pinski, David, *Coletânea em comemoração do octagésimo aniversário* (iídiche/português), s/ed., Rio de Janeiro, 1952.

Pinsky, Jaime, *Os judeus no Egito helenístico*. Faculdade de Filosofia, Ciências e Letras de Assis, Assis, 1971.

Pinsky, Jaime, "Propriedade da terra e ideologia: o monoteísmo ético". in *Revista de História*, vol. II, n° 104, ano XXVI, São Paulo, outubro-dezembro de 1975, p. 77-89.

Pinsky, Jaime, "Sionismo: ideólogos e ideologia", in *Revista Debate e Crítica* n° 2, Hucitec, São Paulo, janeiro-junho de 1974, p. 59-67.

Pinsky, Jaime (Org.), *Textos para história moderna do povo judeu*. Faculdade de Filosofia, Letras e Ciências Humanas, Centro Brasileiro de Estudos Judaicos-USP, São Paulo, 1975.

BIBLIOGRAFIA

Pinsky, Jaime (Org.), *100 Textos de História antiga*. 11. ed., Contexto, São Paulo, 2021.

Plekhanov, Jorge, *As questões fundamentais do marxismo*. Estampa, Lisboa, 1976.

Poliakov, Léon, *Histoire de l'antesémitisme, du Christ aux juifs de cour*. Calmann-Lévy, Paris, 1961.

Portal, Roger, *Os eslavos: povos e nações*. Tradução de Natália Nunes. Coleção Rumos do Mundo, sob a direção de Lucien Febvre e Fernand Braudel. Editora Cosmos, Lisboa, 1968, tomo IX.

Queiróz, Maria Isaura Pereira de, *O messianismo no Brasil e no mundo*. Dominus/Edusp, São Paulo, 1965.

Rabi, Vladimir, "Les ambiguités d'un juif diasporique: le cas Rodinson", *in Dispersion et Unité*, vol. 15, p. 177-192.

Rattner, Henrique (org.), *Nos caminhos da diáspora, uma introdução ao estudo demográfico dos judeus*. Tradução de Ilana W. Novinsky e Cristina Kattan. Centro Brasileiro de Estudos Judaicos, São Paulo, 1972.

Récueil de Matériaux sur la situation économique des Israélites de Russia (d'aprés l'enquête de la Jewish Colonization Association). Felix Alcan Éditeur, Paris, 1906/1908.

Reddaway, G. *et al.* (Ed.), *The Cambridge History of Poland*. Cambridge University Press, Cambridge, 1945.

Roscher, Wilhelm, "The status of the Jews in the Middle Ages considered from the standpoint of commercial policy", *in História Judaica*, vol. VI, p. 13-26.

Ruppin, Arthur, *Les Juifs dans le monde moderne*. Payot, Paris, 1934.

Sachar, Howard Morley, *The course of modern Jewish History*. Delta, New York, s.d.

Sauchar, Howard Morley, *The emergence of the Middle East: 1914-1924*. Alfred A. Knopf, New York, 1969.

Samuel, Maurice, *The world of Sholom Aleichem*. Schocken Books, New York, 1967.

Saraiva, Antonio José, *Inquisição e cristãos-novos*. Editorial Inova, Porto, 1969.

Sartre, J. P. *Reflexões sobre o racismo*. Tradução de J. Guinsburg. Difusão Europeia do Livro, São Paulo, 1960.

Schmama, Simon, *A história dos judeus: à procura das palavras 1000 a.C.-1492 d.C.* Companhia das Letras, São Paulo, 2015.

Schneerson, Ester, "Der Allgemeine Judische Arbeitterbund in Russland, Polen und Litauen", *in Zetschrift fur Demographie und Statistik der Juden*, Frebruar, 1905, heft n° 2.

Schvarz-Bart, André, *O último justo*. Tradução de António Ramos Rosa e Fernando Moreira Ferreira. Publicações Europa-América, Lisboa, 1960.

Seton-Watson, Hugh, *The Russian empire (1801-1917)*. Clarendon Press, Oxford, 1967.

Shaerf, Moshe, "Herzl's social thinking", *in Herzl year book*, vol. III, p. 199-206.

Scholem, Gershom, *As grandes correntes da mística judaica*. Tradução de Dora Ruhman, Fany Kon, Jeanete Meiches e Renato Mezan, sob a supervisão de J. Guinsburg. Perspectiva, São Paulo, 1972.

Scholem, Gershom, *Shabetai Sevi, the mystical Messiah, (1626-1676)*. Princeton University Press, Princeton, 1973.

Shtern, Yekhiel, "A kheider in Tyszowce (Tishevits)", *in Yivo*, vol. V, p. 152-171.

Silbener, Edmund, *Austrian Social Democracy and the Jewish problem, in História Judaica*, vol. III, p. 121-140.

Silbener, Edmund, "Was Marx an anti-semite?", *in História Judaica*, vol. II, p. 3-52.

Sombart, Werner, *The Jews modern capitalism*, s.ed., s.l., s.d.

Sorlin, Pierre, *El antisemitismo alemán*. Traducción de Pablo Bordonaba. Nueva Colección Ibérica, Ediciones Península, Barcelona, 1970.

OS JUDEUS

Stein, Leonard, *The Balfour Declaration*. Vallentine-Mitchell, London, 1961.
Stern-Taubler, Selma, "The Jew in the transition from guetto to emancipation", *in História Judaica*, vol. I, p. 102-119.
Stillschweig, Kurt, "Nationalism and autonomy among Eastern European Jewry", *in História Judaica*, vol. VI, p. 27-68.
Sweezy, Paul M. e outros, *Do feudalismo ao capitalismo*. Publicações D. Quixote, Lisboa, 1971.
Swislocz, Abraham Ain, "Portrait of a Shtetl", *in* Howe, Irving e Greenberg, Eliezer (Eds). *Voices from the Yiddish*. University of Michigan, Ann Arbor, 1972, p. 93.
Tobias, Henry J., *The Jewish Bund in Russia, from its origins to 1905*. Stanford University Press, Stanford, 1972.
Trotsky, Léon, *1905, Resultados y perspectivas*. Ruedo Ibérico, Paris, 1971.
Trotsky, Léon, *Sur la question juive et le sionisme*. François Maspero, Paris, 1974.
Trotsky, Léon, *Minha vida*. Tradução do Lívio Xavier. Paz e Terra, Rio de Janeiro, 1969.
Tzur, J., *¿Que és el sionismo?* Ediciones Siglo Veinte, Buenos Aires, 1965.
Unesco, *Vida e valores do povo judeu*. Tradução de Mary Amazonas Leite de Barros, Paulina Firer e J. Guinsburg. Perspectiva, São Paulo, 1972.
Urinsky, G. e outros, *Pinkes fun der shtot Prújene*, s/ed, Pruzhany, 1930 (em ídiche).
Wackenheim, Charles, *La quiebra de la religión según Karl Marx*. Traducción de Francesc Gironella. Ediciones Península, Barcelona, 1973.
Waxman, Meyer, *A History of Jewish Literature*. Thomas Yoseloff, New York/London, 1960, 5 vol.
Weinryb, Bernard D., *The Jews of Poland. A social and economic History of the Jewish Comunity in Poland from 1100 to 1800*. The Jewish Publication Society of America, Philadelphia, 1973.
Weinstock, Nathan, *Le Sionisme contre Israel*. François Maspero, Paris, 1969.
Weisbord, Robert G., *African Zion: the attempt to establish a Jewish colony in the East Africa Protectorate, 1903-1905*. The Jewish Publication Society of America, Philadelphia, 1968.
Weizmann, Chaim, *Trail and error*, Schocken Books, New York, 1966.

B) Jornais e Revistas

Der idisher arbeter (London etc.), 1897-1904 (em iídiche).
Di arbeter shtime (Vilna, Varsóvia etc.), 1897-1905 (em iídiche).
Dispersion et unité (Jerusalém), publicado pela Organização Sionista Mundial.
Hatsfirá (Varsóvia), 1862-1928 (em hebraico).
Herzl Year Book (New York), editado po Raphael Patai.
História Judaica (New York), editado por Guido Kish, 1938-1961.
Judaism (New York), publicado pelo American Jewish Congress.
The Jewish Chronicle (London), vários números consultados, especialmente os de 1861, 1897 e 1917.
The Jewish World (London).
Yivo annual of Jewish Social Science (New York), editado por Koppel S. Pinson.
Zeitschrift fur Demographie und Statistik der Juden (Berlim), dirigido por Arthur Ruppin.

C) Panfletos

Der shtot maguid (em iídiche), Vilna, s/d.
Di progromen in Rusland un di zelbstfertaidigung (em iídiche), 1905.
Vegen dem arraintretn fun Bund in di R.S.D.A.P. (em iídiche), Ed. Der Hamer, Vilna, 1906.
Vegen der arroistretung fun Bund fun der Ruslander Sotsial Demokaticher Arbeter Partai (em iídiche), 1903.

Índice de assuntos

Administrador(es) – 40
Agitador(es) – 137
Agricultor(es) – 40, 93, 104
Aldeia(s) – 42, 93, 110, 170
Ambulante(s) – 56
Antissemita(s) – vide antissemitismo
Antissemitismo – 8, 11, 31, 36, 105, 106, 108, 124, 142, 144, 145, 166, 175, 188, 191, 193, 198, 199, 200
Área de residência judaica – vide *pale*
Artesanato – vide artesão
Artesãos – 23, 31, 32, 37, 40, 42, 56, 63, 77, 78, 88, 96, 97, 98, 99, 100, 101, 110, 114, 150, 171, 207
Assimilação – 37, 69, 104, 115, 127, 132, 133, 134, 135, 136, 162, 179, 191, 193, 218, 230
Autonomismo – 128, 132, 134

Banqueiros – 31, 54
Bebidas – 42
Bundista – 142, 143, 146, 147, 148, 149, 212
Burguês – 31, 36, 42, 78, 79, 86, 96, 97, 112, 127, 144, 160, 170, 171, 184, 186, 187, 191, 193, 195, 197, 199, 219
Burguesia – vide burguês

Camponês – 24, 31, 32, 37, 38, 41, 42, 43, 55, 89, 92, 187

Capitalismo – 10, 15, 16, 18, 27, 28, 31, 33, 44, 86, 88, 90, 95, 96, 97, 100, 110, 115, 127, 161, 171, 199, 231
Capitalista – vide capitalismo
Cazaros – 33, 34
Colônias judaicas – 93, 125
Comerciante (judeu) – 23, 24, 25, 28, 30, 40, 42, 95, 104, 207, 220, 230
Comerciante (não judeu) – 26
Comércio judeu – vide comerciante judeu
Comportamento judaico – 25, 201
Conversão de judeus – 61
Cruzadas – 26, 30, 53
Cultura Judaica – 43, 126, 127, 137, 207

Desproletarização – 103
Diáspora – 14, 52, 125, 131, 157, 158, 162, 163, 167, 168, 169, 172, 198, 200, 207, 211
Diferenças sociais – 39, 43, 171, 206
Dilúvio – 41, 58
Direitos civis – 134, 142, 164
Direitos nacionais – 134, 142
Donos de albergue – 56

Educação – 40, 77, 82, 123, 124, 125, 128, 161, 179, 196, 216
Emancipação – 112, 114, 134, 161, 163, 164, 169, 171, 172, 173, 185, 186, 189, 198, 199, 208

Emigração judaica – 34, 112
Entidade colonizadora – 165, 171
Especificidade judaica – 199
Espírito do judaísmo – 125
Estrutura comunitária – 56, 78
Estudo – 17, 41, 54, 55, 56, 64, 65, 68, 79, 85, 104, 128, 139, 180, 231

Feudalismo – 15, 231
Filantropia – 112
Financista – 104, 165, 219
Fluxo migratório – 111
Formas de existência judaica – 51, 127

Greves – 138, 139, 142, 149
Grupo judaico – 38, 70, 167, 170

Hassidismo (Hassidista) – 15, 44, 62, 63, 65, 66, 67, 68, 69, 70, 121, 231
Hebraico – 19, 33, 35, 43, 49, 51, 104, 121, 122, 136, 212
Historiografia judaica – 52, 186
Humor judaico – 78, 81

Ideologia – 10, 11, 15, 16, 24, 44, 50, 63, 68, 79, 126, 134, 159, 170, 187, 194, 199, 200, 207, 211, 215, 216
Iídiche – 17, 18, 19, 33, 34, 35, 43, 87, 104, 112, 136, 137, 138, 140, 148, 212, 232
Iidichismo – 139
Iluminismo – 69, 79, 104, 159
Iluminista – vide iluminismo
Imperialismo – 16, 180, 195
Indigentes – 110, 111
Indústria – 42, 89, 90, 91, 92, 94, 98, 99, 100, 102, 150, 151, 197, 220, 232
Industrialização – 88, 90, 110
Integração – 69, 79, 96, 111, 112, 168, 169, 171, 184, 215
Intelectuais – 104, 133, 138, 140, 184

Judeus ocidentais – 112, 123, 127, 186, 189, 190, 191
Judeu real – 28
Justiça social – 126, 138, 206, 207, 208

Libertação dos servos – 88, 90
Liderança comunitária – 78

Manufatura – 91, 92, 96, 99, 100, 151
Mão de obra judaica – 102, 150
Mascate – 25, 40, 43
Maskil (im) – vide iluminista
Menchevique – 137
Mercadores – 37
Messianismo – 15, 44, 50, 51, 52, 54, 55, 56, 63, 182, 231
Miscigenação – 42, 168
Miséria – 41, 80, 85, 88, 89, 100, 102, 103, 107, 110, 111, 115, 232
Modo de produção feudal – vide feudalismo
Movimento hassídico (origens) – 65
Movimento nacional judaico – 163
Mulheres (mãe judaica) – 52, 79
Músicos – 42, 56, 104

Nação judaica – 126, 136, 158, 162, 163, 181, 210
Nacionalismo judaico – 18, 130, 132, 134, 135, 166, 171, 172, 198, 218, 231
Negociantes – 24, 91, 126, 176
Nobreza – 30, 36, 38, 42, 43, 89, 90, 91

Organização comunitária – 38, 56, 102
Operariado – 91, 103, 137, 138, 142, 149, 150, 151, 211, 217
Operário – vide operariado

Pale – 18, 75, 76, 79, 111
Patrão – 91, 151
Pobre(s) – 53, 65, 78, 80, 85, 86, 97, 112, 138, 165, 169, 186, 188, 189, 191, 193, 195, 207, 219
Pobreza – 17, 64, 97, 178, 232
Pogrom – 105, 106, 108, 109, 115, 147, 149, 162, 170, 173
Poloneses – 37, 41, 42, 44, 55, 58, 88, 149
População judaica – 18, 42, 44, 56, 58, 94, 98, 110, 115, 149, 176, 211

246

ÍNDICE DE ASSUNTOS

Povo judeu – 14, 54, 104, 107, 126, 136, 139, 144, 146, 165, 173, 182, 184, 185, 192, 196, 199, 219
Pré-capitalismo – 16
Prestamista – vide usurário
Profetismo – 50, 127
Proletariado – 96, 97, 102, 103, 141, 148, 149, 151, 189, 192, 193, 198, 199, 208, 211, 216, 220, 222
Proprietário – 28, 42, 43, 64, 86, 87, 94, 97, 100, 150, 212, 215

Questão Nacional – 142, 145, 171, 191, 193, 212, 215, 217, 218

Rabino(s) – 25, 38, 58, 60, 61, 65, 80, 81, 82, 128, 139, 182, 208
Rejudaização – 103, 104, 112, 172, 173, 189, 190
Religião – 10, 14, 27, 49, 50, 63, 64, 80, 82, 108, 112, 130, 157, 159, 168, 176, 182, 185, 200, 205, 231

Sabatianismo – 54, 61, 62, 63, 69
Sábio – 67, 69, 80, 81, 86, 231
Santo – 67, 69, 202, 231
Século de ouro – 40
Senhor feudal – 24

Shtetl – 17, 70, 78, 79, 81, 84, 86, 87, 88, 92, 95, 96, 98, 104, 113, 115, 127, 129, 136, 138, 167, 168, 176, 190, 191, 197, 198
Sionismo – 11, 17, 123, 125, 136, 143, 144, 150, 158, 169, 172, 173, 176, 180, 181, 182, 184, 196, 198, 199, 210, 211, 220, 222, 232
Sionista – 14, 16, 50, 143, 144, 145, 149, 150, 158, 166, 169, 178, 179, 180, 181, 182, 184, 185, 186, 189, 194, 197, 198, 210, 212, 231
Sinagoga – 38, 58, 68, 80, 82, 87, 129, 142
Sindicato – 102, 138
Sociedade burguesa – 96, 112, 171, 193
Sociedade feudal – 25
Sociedade judaica – 65, 68
Solidariedade grupal – 68, 70, 87, 151

Trabalhador cristão – 101
Trabalhador judeu – 102, 141, 146, 148

Ucranianos – 41, 55, 106
Usurário – 24, 25, 26, 28, 30, 31, 32, 40, 86, 207, 230

Zona residencial judaica (ou "zona de residência judaica") – vide *pale*

Índice de nomes

Abraão – 83
Abulafia, Abraão – 54
Ahad Haam – 16, 115, 119, 121, 122, 123, 125, 126, 127, 168, 196, 200
Alemanha – 32, 35, 43, 76, 98, 131, 159, 164, 174, 180, 182, 183, 208
Alexandre da Macedônia – 107
Alexandre II – 90, 93
Alkalai – 182, 183
Alroy, Davi – 53
América – 76, 112, 113, 115, 149, 171, 183, 188
Amós – 126, 201, 202, 204, 205, 207
Amsterdã – 57, 61
Antigo Testamento – 83
Argentina – 178, 193, 194, 196, 197, 219, 232
Ásia – 197
Astracã – 77
Áustria – 43, 183
Avnery, Uri – 180
Axelrod – 130

Baal Shem Tov – vide *Becht*
Babilônia – 15, 131
Bagdá – 53
Balfour – 185
Bar Kochba – 51
Barão Hirch – 178, 180, 232
Baron, Salo – 25

Basileia – 179, 180, 183, 184
Becht – 65, 66, 68
Ben Halpern – 158, 166, 173
Berdichev – 94
Berlim – 159, 164
Bialistok – 35, 98, 101, 109, 138
Bialik – 105
Bnei Moshé – 122
Boás – 85
Bom Retiro – 127
Borochov – 17, 150, 199, 211, 212, 213, 214, 215, 216, 217, 218, 219, 220, 222, 232
Bratzlav – 77
Brooklyn – 127
Bruxelas – 26, 145
Budapeste – 177, 178
Bund – 16, 17, 19, 101, 102, 108, 115, 137, 138, 140, 141, 142, 143, 144, 145, 146, 147, 148, 149, 150, 151, 212

Cairo – 57, 58
Carlos V – 54
Casimiro, o Grande – 34, 35
Catarina II – 75, 89
Caucásia – 77
Clemente VII, papa – 54
Chmielnicki, Bohdan – 41
Chernigov – 77
Ciro – 107

Colônia – 31
Comte, Augusto – 129
Congresso Sionista – 179, 180, 189, 210
Constantinopla – 54, 57, 58, 61
Creta – 52
Cristo – 38, 52, 191
Crônica Nestoriana – 52
Curdistão – 61
Curland – 77

Damião de Góis – 158
Darwin – 121, 129
Davi – 43, 50, 51, 126, 206
Der Idisher Arbeter – 140
Deutscher – 147
Di Arbeter Shtime – 140
Dinur, Ben-Zion – 13, 14, 25, 158
Dreyfus, Capitão – 173, 174, 175, 177, 188, 232
Dubnow, Simon – 16, 25, 115, 128, 129, 130, 131, 132, 133, 134, 135, 136, 168, 196, 200
Dvina – 113
Dwinsk – 111

Egito – 57, 83, 111, 206
Ekaterinoslav – 75, 76, 93, 95, 109, 110
Elisabetgrad – 109, 111
Esmirna – 57, 58, 59, 60, 61
Espanha – 30, 53, 55, 131, 164, 230
Estado de Israel – 172, 185, 232
Estado Judeu – 123, 124, 125, 127, 157, 173, 180, 181, 182, 184, 186, 187, 193, 194, 195, 196, 197, 210
Estados Germânicos – 41
Estados Unidos – 19, 76, 149, 171, 181, 211, 212
Estatutos de Kalisz – 34
Europa – 34, 61, 112, 114, 147, 164, 172, 180, 187, 195, 197, 212, 232
Europa Ocidental – 18, 31, 33, 44, 76, 111, 112, 123, 124, 133, 135, 149, 159, 170, 172, 183, 184, 188, 190, 198, 231

Europa Oriental – 17, 18, 33, 102, 112, 125, 127, 133, 176, 188, 189, 190, 196, 197, 219, 231

Federação Sionista Inglesa – 185
Fez – 53, 57
Florença – 25
França – 19, 26, 35, 159, 164, 175, 177, 183, 188, 204, 207
Frankfurt – 31, 164
Froyim – 81, 82
Fugger – 31

Gaza – 57, 60, 221
Gênova – 26
Goldman, Leon – 153
Gozhansky, Samuel – 137
Grande Polônia – 39
Grinboim, Itzajak – 158, 187
Grodno – 35, 57, 76, 77, 98, 110
Grupo de Vilna – 137
Guerra da Crimeia – 161
Guinsberg, Asher – vide Ahad Haam

Hertzberg, A. – 166
Herzl, Theodor – 16, 17, 123, 127, 172, 173, 175, 176, 177, 178, 179, 180, 181, 183, 184, 186, 187, 188, 189, 191, 192, 193, 194, 195, 196, 197, 198, 211, 220, 232
Hess, Moisés – 187, 208, 209, 210
Hitler – 112, 147, 232
Holanda – 19, 41, 164
Hungria – 41
Hurvitch, Tsivia – 142

Iêmen – 53, 61
Idade Média – 15, 30, 32, 172, 188, 189, 230
Igreja – 32, 37, 42, 43
Império Austro-húngaro – 76, 164, 177
Império Britânico – vide Inglaterra
Império Czarista – vide Rússia
Império Otomano – vide Turquia
Império Russo – vide Rússia
Império Turco – vide Turquia

250

ÍNDICE DE NOMES

Inglaterra – 25, 26, 89, 149, 159, 183, 184, 188, 232
Inquisição – 54, 176
Iskra – 146, 148
Israel – 19, 49, 50, 51, 60, 125, 128, 131, 136, 172, 183, 185, 202, 205, 206, 210, 219, 232, 233
Isaías – 126, 183, 201, 202, 207
Itália – 29, 54, 64
Izyaslov – 77

Jerusalém – 13, 15, 50, 51, 57, 58, 59, 60, 63, 80, 107, 157, 158, 173, 198, 201, 205, 207, 208, 231
Jidlovsky – 142
João III – 54
Josué – 183

Kalisher, Hirsh – 181, 182, 183
Kalisz – 34, 76, 77, 110
Katz, David – 142
Kharkov – 95
Kherson – 93, 111
Kiev – 76, 77, 95, 109, 121
Kishinev – 109, 147, 149
Kohn, Hans – 159
Kosovsky, Vladimir – 140, 141
Kovno – 76, 111
Krassilevke – 115, 168
Kremer, Arkadi – 137, 141
Krochmal, Nachman – 104

Latrão – 32
Lênin – 92, 146
Leon, Abraham – 190
Liber – 147, 148
Liga dos Judeus Britânicos – 185
Lituânia – 35, 39, 81, 98, 232
Lodz – 97, 109, 111
Londres – 17, 57, 102, 138, 145, 149, 180
Lublin – 61, 76, 77, 110

Maguid Meskitch – 68
Maimônides – 53, 58, 104, 190

Mandelstam, Lev Ossipovich – 17, 96
Maomé IV – 61
Marx – 13, 208, 212, 214, 232
Marrocos – 53
Martov – 130, 137, 146, 147, 148, 150
Mea Shearim – 127
Meca – 60
Medem, Vladimir – 17, 137, 144, 147, 148
Médici – 31
Mendelsohn – 128
Messias – 49, 50, 51, 52, 53, 54, 55, 57, 59, 60, 61, 62, 65, 231
Minsk – 35, 76, 77, 109, 110, 111, 138, 141, 210
Moghilev – 77, 109
Moisés – 52, 83, 111, 122, 176
Molcho, Salomão – 54
Moscou – 76, 91, 161
Mstislav – 128
Munique – 180, 181, 183
Mustafá Hayatizadé – 61
Mutnikovitch, Abraham – 141

Nabucodonosor – 107
Natã de Gaza – 59, 62
Nicolaiev – 77, 145
Nicolau I – 93
Nicolau III, papa – 54
Nordau, Max – 184
Nova York – 70, 102, 149, 181
Novgorod – 77
Nuremberg – 31

Odessa – 94, 95, 109, 110, 122, 161, 162
Oriente Médio – 194

Palestina – 59, 65, 76, 122, 123, 124, 125, 171, 173, 181, 182, 185, 194, 196, 197, 201, 211, 220, 232
Paris – 175, 177, 178
Pequena Polônia – 79
Península ibérica – 54
Peretz – 128, 138
Pérsia – 60, 107

251

Picquard – 174
Pires, Diego – 54
Pinsk – 35, 61, 101
Pinsker – 16, 17, 122, 129, 155, 161, 162, 163, 165, 166, 167, 168, 169, 170, 171, 172, 173, 181, 183, 187, 220
Pinski, David – 138
Pisa – 26
Plekhanov – 141
Poalei Tzion – 17, 149, 211, 212
Podólia – 65, 68, 110
Polônia – 29, 33, 34, 35, 37, 39, 40, 41, 42, 43, 44, 55, 58, 59, 61, 63, 64, 131, 133, 141, 207, 230, 232
Polota – 113
Polotzk – 77, 113
Poltava – 76, 110, 211
Portugal – 54, 64
Prússia – 43, 64
Pruzhany – 79

Rabi Akiba – 51
Rabi Levi Itzhak – 47
Roma – 54, 164, 208
Reuveni, Davi – 54
Romênia – 76, 64, 181
Rotchild – 180, 185, 232
Rússia – 10, 17, 19, 35, 39, 43, 44, 76, 86, 88, 89, 91, 92, 93, 96, 104, 106, 115, 127, 130, 135, 141, 144, 149, 159, 161, 162, 164, 167, 170, 178, 181, 184, 192, 210, 211, 212, 230, 231
Rússia Branca – 75
Rússia Vermelha – 35, 39

Salônica – 53, 57, 58
São Petersburgo – 76, 91
Scholem, Guershom – 59, 60, 69
Sholem Aleichem – 17, 73, 84, 86, 97, 115, 127, 139
Shulman, Kalmann – 128
Sião – 14, 69, 198, 203, 211, 231
Síria – 171
Skvira – 121

Smolenskin, Peretz – 128
Sombart – 27, 28
Spencer – 121
Suíça – 180, 183
Syeversk – 77

Táurida – 75, 76, 110
Tel Aviv – 123
Templo – 13, 50, 51, 58, 63, 80, 107, 157, 205, 207
Terra Santa – 163, 183
The Jewish Chronicle – 17, 180, 184
Tomachov – 161
Torá – 53, 64, 65, 66, 69, 83
Transvaal – 197
Trotsky – 19, 144, 145, 146, 147
Turquia – 36, 41, 57, 58, 60, 61, 176, 197
Tzvi, Shabetai – 55, 56, 57, 58, 59, 60, 61, 62

Ucrânia – 90, 92
Uganda – 196, 197, 219
Urais – 89

Vaad Arba Artzot – 40
Varsóvia – 35, 76, 77, 94, 110, 148
Veneza – 25, 26, 57, 61, 164
Viena – 177, 178, 186
Vilna – 35, 57, 61, 76, 77, 110, 111, 137, 138, 140, 141, 148
Vitebsk – 76, 110, 138
Volínia – 39, 68

Walsin-Esterhazy – 174
Weber, Max – 28
Weizman, Chaim – 185
Worms – 31

Zangwill, Israel – 184, 185
Zeldov, Sendor – 142
Zola, Emile – 174
Zoromin – 81, 82
Zunz, Leopold – 158
Zurique – 144

Créditos
das imagens

p. 20-1 – Representação do judeu usurário em um manuscrito do século XIII. Ilustração pertencente ao manuscrito das *Cantigas de Santa Maria*, c. 1280-1284 [RB. Patrimonio Nacional].

p. 27 – Representação do massacre de judeus durante o cerco de Acre (1189-91) por ocasião da Terceira Cruzada. Iluminura pertencente ao manuscrito *Historia rerum in partibus transmarinis gestarum [français]*, de Guillaume de Tyr, c. 1280-1291 [Biblioteca Nacional de Lyon].

p. 46-7– Shabetai Tzvi abençoando uma congregação judaica em Esmirna, Império Otomano, em uma xilogravura inglesa anônima de 1685.

p. 72-3 – Músicos judeus representados em *Shtetl, My Destroyed Home, A Recollection*, de Issachar ber Ryback, 1923 [The Jewish Museum New York].

p. 84 – Professor e alunos no *heder*. Foto anônima tirada na Polônia,1924.

p. 106 – Imagem superior: *After the Pogrom*, de Maurycy Minkowski, c. 1910 [The Jewish Museum New York]. Imagem inferior: A devastação sentida pelas vítimas de um *pogrom* retratada na obra *The Black Banner*, de Samuel Hirszenberg, 1905 [The Jewish Museum New York].

p. 114 – À esquerda: Cartão de Ano-Novo Judaico, início do século XX, com judeus mais tradicionais e judeus mais assimilados. [The Jewish Museum New York]; à direita: Cartão de Ano-Novo Judaico, 1909 [The Jewish Museum New York].

p. 118-9 – Manifestação do Bund. Foto anônima tirada em Moscou, Rússia, 1º de maio de 1917.

p. 122 – À esquerda, retrato de Ahad Haam; à direita, placa de rua que homenageia Haam em Tel Aviv. Fotos anônimas, s.d.

OS JUDEUS

p. 154-5 – Delegados do primeiro congresso sionista. Anônimo, 1897.

p. 160 – *Die Heimkehr des Freiwilligen aus den Befreiungskriegen zu den nach alter Sitte lebenden Seinen* (A volta do voluntário das Guerras de Libertação para sua família que ainda vive de acordo com antigos costumes), que exemplifica a emancipação dos judeus e a sua subsequente participação em atividades profissionais antes proibidas a eles, Moritz Daniel Oppenheim, 1833-34 [The Jewish Museum New York].

p. 161 – À esquerda: retrato de Leon Pinsker em foto anônima, século XIX [Lowcountry Digital Library]; à direita: placa de rua em Tel Aviv que homenageia Pinsker, foto anônima, s.d.

p. 179 – Foto de Ephraim Moses Lilien, 1901.

p. 189 – Foto anônima, 1897.

p. 204 – *Amos*, James Jacques Joseph Tissot e discípulos, c. 1896-1902 [The Jewish Museum New York].

p. 209 – À esquerda: retrato de Moisés Hess, em foto anônima, s.d.; à direita: retrato de Nachman Sirkin, em foto anônima, 1920 [National Library of Israel, Schwadron collection]. Imagem inferior: placa de rua em Tel Aviv homenageando Hess, foto anônima, s.d.

p. 213 – À esquerda: placa de rua em Lod, Israel, que homenageia Ber Borochov; à direita: retrato de Borochov em foto anônima (detalhe), 1900.

p. 221 – Kibutz Mishmar Haneguev. Foto de Jaime Pinsky, s.d.

p. 226-7 – Imigrantes judeus chegando ao Porto de Haifa em 26 de março de 1945, foto de Zoltan Kluger [The National Photo Collection of Israel, Photography dept. Government Press Office].

O autor

Jaime Pinsky é historiador, tendo trabalhado na Unicamp, da qual foi o primeiro titular concursado do Departamento de História; na USP, onde se doutorou e foi aprovado em concurso de Livre-Docente, e na Unesp, da qual foi professor desde a primeira turma de História, em Assis.

Foi professor visitante e conferencista, e desenvolveu cursos ou proferiu palestras nas principais universidades federais brasileiras, como Rio Branco, no Acre e Belém, no Pará, passando por Cuiabá, Campo Grande, Goiânia e Brasília, Natal, Recife, Maceió, João Pessoa e Salvador, bem como Juiz de Fora, Belo Horizonte, Rio de Janeiro, Niterói, Vitória, Curitiba, Joinville, Florianópolis, Porto Alegre, Santa Maria, Rio Grande e tantas outras...

No exterior, desenvolveu atividades acadêmicas na Unam (México), New York University (NYU), Bayamo e Havana (Cuba), Porto Rico, Paris e Jerusalém. Junto com Florestan Fernandes e José de Souza Martins, fundou e dirigiu as revistas de ciências sociais *Debate & Crítica* e *Contexto* (que viria a batizar a editora que fundou há mais de 30 anos).

Tem 30 livros publicados, entre obras exclusivas e em parceria. Boa parte dessa produção continua em circulação, tendo reedições, como *História da cidadania*, *A escravidão no Brasil*, *100 textos de História Antiga*, *As primeiras civilizações*, entre outras.

Escreve artigo de opinião mensalmente no *Correio Braziliense*, e esporadicamente nos principais jornais paulistanos.

GRÁFICA PAYM
Tel. [11] 4392-3344
paym@graficapaym.com.br